追寻达尔文的足迹

〔法〕巴蒂斯特·帕拉菲　著

〔法〕文森特·德普兰切　绘

朱媛　译

人民文学出版社
PEOPLE'S LITERATURE PUBLISHING HOUSE

著作权合同登记：图字 01-2021-5058 号

Sur les traces des Charles Darwin
© Éditions Gallimard-Jeunesse, Paris, 2011
Text by Jean-Baptiste de Panafieu
Illustration by Vincent Desplanche

图书在版编目（CIP）数据

追寻达尔文的足迹 /（法）巴蒂斯特·帕拉菲著；（法）文森特·德普兰切绘；
朱媛译. —北京：人民文学出版社，2017（2025.4 重印）
　（历史的足迹）
　ISBN 978-7-02-012604-0

　Ⅰ. ①追… 　Ⅱ. ①巴… ②文… ③朱… 　Ⅲ. ①达尔文（Darwin, Charles
1809–1882）–传记–儿童读物 　Ⅳ. ① K835.616.15–49

中国版本图书馆 CIP 数据核字（2017）第 067757 号

责任编辑　卜艳冰　杨　芹
封面设计　高静芳
内文版式　李　佳

出版发行　**人民文学出版社**
社　　址　**北京市朝内大街 166 号**
邮政编码　**100705**

印　　制　**上海盛通时代印刷有限公司**
经　　销　**全国新华书店等**

字　　数　**66 千字**
开　　本　**889 毫米 ×1194 毫米　1/32**
印　　张　**4**
版　　次　**2018 年 1 月北京第 1 版**
印　　次　**2025 年 4 月第 10 次印刷**

书　　号　**978-7-02-012604-0**
定　　价　**49.00 元**

如有印装质量问题，请与本社图书销售中心调换。电话：010-65233595

追寻达尔文的足迹

致克莱奥、卢卡斯和西恩

目　录

爱丁堡

爱尔兰

大不列颠

梅尔

剑桥

什鲁斯伯里

伦敦

多恩

普利茅斯

1831 年 12 月

亚速尔群岛

加那利群岛

加拉帕戈斯群岛
1835 年 9 月至 10 月

佛得角群岛

赤道

南美洲

巴伊亚

塔希提

1832 年 2 月

安第斯山脉

里约热内卢

圣地亚哥

蒙得维的亚

太平洋

布宜诺斯艾利斯

巴塔哥尼亚高原

麦哲伦海峡

马尔维纳斯群岛

火地岛

1833 年 3 月

合恩角

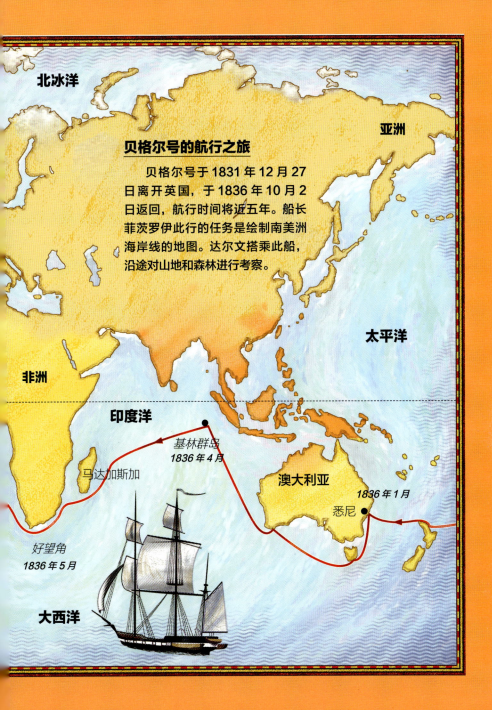

北冰洋

亚洲

贝格尔号的航行之旅

　　贝格尔号于 1831 年 12 月 27
日离开英国，于 1836 年 10 月 2
日返回，航行时间将近五年。船长
菲茨罗伊此行的任务是绘制南美洲
海岸线的地图。达尔文搭乘此船，
沿途对山地和森林进行考察。

太平洋

非洲

印度洋

基林群岛
1836 年 4 月

马达加斯加

澳大利亚

1836 年 1 月

悉尼

好望角
1836 年 5 月

大西洋

出发去探险

致 J.S. 亨斯洛

亲爱的先生：

　　假如让我一个人做决定的话，我相信我肯定会接受您出于好意向我提出的建议。但是，我的父亲尽管没有明确地禁止我前往，却也竭力地劝阻我不要去。所以，我如果不听从他的意见，想必会心感不安的。

1831 年 8 月 30 日，什鲁斯伯里

　　查尔斯·达尔文若有所思地将羽毛笔在墨水瓶里蘸了蘸。他一边回忆和他父亲——罗伯特·达尔文医生那次谈话的每一个细节，一边字斟句酌地写这封回信。在信中，他拒绝掉了一个非比寻常的机会：环游世界。约翰·亨斯洛，剑桥大学的植物学教授，写信来说菲茨罗伊船长正在准备一趟对南美洲历时两年的考察，想寻找一名**博物学家**作为航行伙伴。之所以要找一名伙伴，是因为一个英国籍的船长在船上比较孤单，他

> **博物学家**：研究植物、动物和矿物的人。

得单独用餐，而且只有在需要发出航海指令时才会和他的船员说话。不过他可以带一名乘客，只要不用**英国海军部**负担费用，而且这个伙伴又得是博物学家，因为所有探险考察的轮船都必须带回一些植物和动物的标本。

本来，对于打算当**一位论派**的**牧师**的查尔斯来说，这个提议来得太及时了：他现在二十二岁，刚刚完成学业，还要等很长一段时间——说不定好几年——才能谋到一个教区的教职。然而，他的父亲坚决不同意他随船远航。

"这趟旅行对于将来要做牧师的人来说是有损名誉的。而且，在船上待那么久之后，你就无法过正常生活了，甚至有可能得从事别的职业。别忘了，你已经放弃过学医了！"

"没错，可是现在情况有所不同。我已经拿到了剑桥大学的神学学位，我是下定决心要从事**圣职**的。"

"再说，你一点经验都没有，别人却要把这个博物学家的活儿给你，说不定是因为没人想去，也许这趟旅行很危险。说到底，要是你能找到一个通情达理的人说服我让你去，我就同意……"

在寄出这封花了好多工夫才写完的信之后，年轻人跑去征求他舅舅乔赛

英国海军部：英国海军的指挥部。

一位论派：基督教新教的一个教派，在英国这个教派很重要。

牧师：新教（亦称基督新教）的教会中专职负责带领及照顾其他基督徒的人。

圣职：牧师履行的职能。

亚·韦奇伍德的意见，他一直很信赖他的舅舅。乔赛亚是罗伯特·达尔文的老朋友，他很喜欢查尔斯。他也觉察到查尔斯对自己的女儿爱玛有些好感。他逐条反驳了查尔斯父亲的意见：

"这趟旅行确实无法对他将来从事的职业带来很多好处，但是他旅行归来后，会拥有一种对世界和人类更宽广的视野。况且，英国海军部也不会让一艘破船去担负这么重要的远航任务！"

结果父亲被说服了。查尔斯欣喜若狂，立马重新寄了一封信给亨斯洛，告诉他自己改变主意了！

9月4日，查尔斯来到伦敦，去海军部总部见菲茨罗伊船长。船长是个举止优雅的年轻人，身材挺拔，穿着一套十分整洁的制服。他二十六岁，只比查尔斯大一点点。他显得很客气：

"达尔文先生，我听说您在自然史方面的学识十分渊博。"

"我得向您承认，我不是一个**经验老到**的博物学家，但是我对自然界的所有科学都很着迷，而且我希望自己能很快取得进步。"

经验老到：在某一方面很熟练，经受过考验。

"不过我还是得事先告诉您，此次旅行最大的困难是船上没有足够的空间。要是您对此感到不舒服，我只能表示抱歉。我很乐意在我的舱室里接待您，比如当您需要一个安静的地方阅读的时候，您尽管来找我。但是有一个条件，一旦我请您让我单独待着时，您就得马上离开。如果我们能以这种方式相处，那么我希望我们能够合得来。否则，我们说不定会讨厌对方的！"

查尔斯对这次谈话感到很高兴，他十分欣赏船长的翩翩风度。可是他不知道的是，船长却还在犹豫不决。菲茨罗伊是一个面相术爱好者，所谓面相术就是研究人

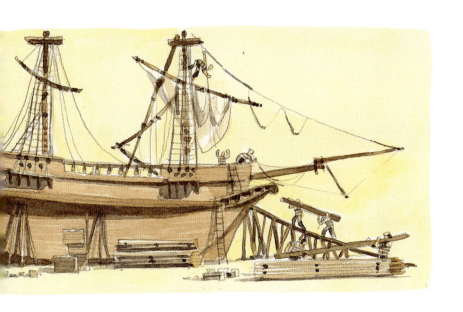

脸的"科学"。在他看来，达尔文的鼻子形状显示出他性格方面的缺陷：缺乏毅力和决断力。最后，查尔斯直爽的行事风格和亲切的态度弥补了他鼻子形状的不足，最终他被录取了。

　　"这就是**贝格尔号**！"

　　查尔斯不敢相信自己的眼睛：怎么会是这样一只小小的船壳子，没有桅杆也没有船帆……

　　"它上一次沿着南美洲海岸线航行的时候受到了重创。这次出发的时间要延后一个月了，因为修复工作花的时间比预想的长。"

贝格尔号：英文原文为"Beagle"，音译为贝格尔号。英文单词的原义为一种小型的猎犬。

贝格尔号是一艘帆船，一艘长三十米、宽八米的三桅帆船。这艘船的**吨位**为二百四十吨。尽管它还在修缮当中，但已可以想见完工后将是一艘十分舒适的船。工人们正在用桃花心木制作木板，作为各个舱室的隔断墙板。

"来吧，我把您介绍给我的船员。这是约翰·维克汉姆先生——我的**大副**。维克汉姆先生，我就把达尔文先生托付给您了。劳驾您带他参观一下贝格尔号，好吗？"

吨位： 表示轮船容积的单位。

大副： 地位仅次于船长的高级船员。

"我听从您的吩咐，先生。"

大副不像船长那么**拘谨**，立刻就给查尔斯留下了好印象。他带着查尔斯来到船舱尾部。

"这就是船长的舱室，您就在这儿用餐。很不走运，他不喝酒！还有这边是您的舱室。"

"……"

查尔斯简直不敢相信。他的"舱室"只有十一**英尺**宽，而且里面塞满了橱柜和搁物架，还有一张几乎占满了剩下空间的大桌子。他站在里面只能勉强转个身。

"可是，这里没有床！"

约翰·维克汉姆笑了起来，指了指挂在墙上的一张网：

"有啊，在这儿呢，这是您的吊床！旁边是您室友的吊床，您的室友是约翰·斯托克斯，**土地测量员**的助理。"

"我可以在这里使用显微镜观察吗？"

"当然可以，不过你们俩得共用这张桌子，因为斯托克斯先生需要在桌子上绘制地图。您知道的，我们这次远航的目的是绘制南美洲的**海岸线地图**。"

大副接着把查尔斯带到了船头。

"这间舱室存放着经线仪。我们有二十四台经线仪，从来没有哪条英国船

拘谨：行为拘束而不自然。

英尺：英国的长度单位。1英尺大约30厘米。

土地测量员：土地测绘的技术专家。

海岸线地图：标明某地区海岸线和地貌的详细地图。

配备了这么多经线仪的，而且都相当精确。"

查尔斯很欣赏这些仪器。他知道经线仪对于测量**经度**是必不可少的，而且菲茨罗伊船长因擅长地图测绘而闻名。查尔斯只有几个星期的时间准备好所有行李。他得带上大大小小的短颈大口瓶，还要装上酒精，以便存放动植物标本；还有用来将植物脱水干燥的标本册、他那把用于地质勘探的宝贝锤子、放大镜、显微镜，以及解剖工具。他在这套基础装备中又加了一部望远镜、一个气压计（可以用来测量他打算攀登的山地的海拔），还有一张**金属网**，用于捕捞海底生物。船上的图书室里有很多关于探险的书，比如**洪堡**的作品，查尔斯就很熟悉，几乎都能背下来。他带上了一年前才出版的莱伊尔的《地质学原理》。他利用出发前的时间去请教了一些博物学家，补充关于保存动物标本的技术方面的知识。他得在旅行过程中逐步将所有标本寄回英国。菲茨罗伊船长建议他再带上一支步枪，届时可以打些野味，改善一下伙食。

"还要买两支手枪，上岸的时候您有可能需要用来

经度： 地理上某个点在东西方向上的确切位置。

金属网： 一种生物学家专门用来捕捉海洋生物的网。

洪堡： 亚历山大·冯·洪堡（1769—1859年），曾游历美洲热带地区和中亚的探险家。

防身。在海上是没什么可害怕的，贝格尔号的六门大炮保养得相当不错！"

9月22日，查尔斯回到什鲁斯伯里，准备行李箱。他的几个姐姐无法掩饰心里的难过，查尔斯答应她们每到一个港口就给她们写信。和家人、朋友一一告别之后，就只剩下一件事了：出发。然而事情并不一帆风顺。有两次风暴来袭，巨浪滔天，贝格尔号只能暂缓出航。1831年12月27日，轮船终于驶离了普利茅斯港。查尔斯望着英国海岸边的悬崖渐渐远去，心里十分想念这块将要离开的土地。他不知不觉回忆起了过去，思绪又飞到了那个九月的某一天，父亲把他叫到跟前谈话。那已经是十年前了……

大型探险航行 在达尔文的时代，所有大陆和大部分岛屿都已经为人所知，但尚未经过充分勘探。对于博物学家和商人来说，去发掘这些地方的自然财富的时机来临了。

控制海洋

英国当时是世界第一经济大国，其拥有的战船可以帮助帝国抵御侵略，也可对外扩张。英国的贸易船队来往于三大洋之上。探险船只绘制的详细地图增加了海上运输的安全系数，并且使得英国皇家海军在海上作战时更有优势。

贝格尔号

"船上的图书室里有很多关于探险的书，比如洪堡的作品，查尔斯就很熟悉，几乎都能背下来。"

航海

指南针指示轮船航行的方向，而六分仪可以用来计算轮船所在的纬度位置，即通过测量北极星的高度来计算和极点的距离。至于经度，可以根据太阳的高度来计算，当然还要依据时间。秒表可以显示时间，并且精确到秒。

探险

1799 年，亚历山大·冯·洪堡沿着奥里诺科河溯流而上，探险里程达到 2000 多公里，收集了几千个动植物标本。他写的书《新大陆亚热带区域旅行记》令年轻的达尔文深深着迷。作为博物学家和地理学家，洪堡对亚马孙河流域的原住民十分感兴趣，详细记录了美洲古老居民的宗教信仰和风俗习惯。

橡胶树枝

橡胶树

1745 年，法国探险家夏尔·德·拉孔达明从亚马孙河流域带回了一些三叶橡胶树的植株样本，也就是生产橡胶的树。

用于运送植物的箱子

种子和植物

除了一些风干的植物标本，博物学家还会带回一些种子和种在盆里的幼小植株，试图种植这些物种，它们可能会有很高的经济价值。

对于大自然的兴趣

"你真是对什么都不感兴趣，就知道打猎、带着你的狗溜达，还有抓田鼠。你将来肯定会对不起自己，甚至还会是整个家族的耻辱！"罗伯特·达尔文医生受够了他的儿子整天都在树林里游荡，而对学校的功课却马马虎虎，只是勉强应付一下老师。这是一个威严、高大又健壮的男人，他很容易发火，但很快又能恢复平常的好心情。

看到查尔斯气恼的样子，他的情绪平静了下来。他很清楚什鲁斯伯里的学校无法为儿子活泼的个性和强烈的好奇心提供足够的发展空间。在孩子的母亲去世之前，一直是查尔斯的姐姐卡洛琳负责他的教育。因为他没学到什么东西，家里人就把他送到什鲁斯伯里的一位论教派学校读书，随后又送他进了巴特勒医生的私立学校。在七年时间里，他学习了拉丁文、希腊文、文学、历史和地理，但是他对大自然的兴趣更大。他酷爱收集石头、昆虫和贝壳。查尔斯的同学们给他起了个"瓦斯"的绰号，

因为他老是和自己的哥哥伊拉斯谟一起做些化学实验。他们甚至还在院子角落那间存放工具的小屋里造了一个小小的实验室。父亲完全明白查尔斯对科学的迷恋。现在，他觉得查尔斯或许可以将哥哥作为榜样：

"尽管你只有十六岁，不过我想你最好能去上大学。十月份，你就去爱丁堡大学吧！"

"和伊拉斯谟一起吗？"

"对，你哥哥马上就要完成医学学业了，一开始他可以指导你。医学，难道你不想学吗？你喜欢科学，不是吗？"

查尔斯觉得和父亲、祖父一样成为医生的主意很吸引人。他的祖父伊拉斯谟·达尔文还研究动物学和植物学，父亲提到祖父的时候，都说他是一个非同寻常的人。首先是他的外表十分突出，他比查尔斯的父亲还要胖；其次是精神上，他是一个崇尚自由、富有创造力的人。查尔斯深受祖父的影响，哪怕他自己并未察觉，他为自己的家庭传统感到十分骄傲。

整个夏天，查尔斯都跟着他父亲到处巡诊，学习**诊断**各种疾病，并在他父亲的指导下配制常用的药剂。

诊断：根据症状判断疾病的性质。

1825 年 10 月，他第一次去大学上课，可是那些医学课或是化学课令他厌烦透顶！他宁可加入一个热衷于研究自然史的学生社团。他和他们一道听了几堂地质学课，学习用显微镜观察、用稻草制作鸟类标本。他跟随动物学教授格兰特博士来到渔船上，去收集渔民们用渔网捕捞上来的各种水生动物。他甚至还把自己的发现发表在一份专门在科学专业学生中传播的学报上。有一天，他在学校花园里和格兰特博士一起散步的时候，格兰特博士提到他最近正在读法国博物学家拉马克写的一本书。

"拉马克认为，今天生活在地球上的动物并不是一直都一个样的。它们随着时间推移，根据自身的需要和周围环境的制约而发生着变化。这是一个很有趣的想法，或许可以帮助我们解释至今仍然十分神秘的各种现象！"

"可是，这个观点不是和《圣经》上写的相矛盾吗？《圣经》上说，动物是由上帝创造的，它们被创造出来的时候就和现在一样了，从来没有变过。"

"不要把《圣经》里的章节太当回事。再说，您的祖父也曾有过相似的观点呢！"

查尔斯觉得他说得对。他曾经满怀崇敬地读过祖父在 1796 年写的书——《动物学》。伊拉斯谟对动物的**遗传**和驯化很感兴趣，他支持一代一代的物种会发生变异的观点。

遗传：亲代将某些生物性状传递给子代。

在暑假期间，每年夏天都是如此，查尔斯去了他舅舅乔赛亚在梅尔的家，他很喜欢他家欢快又热情的气氛。他整天都在田野里，忙着观察鸟类……有时，也会弄死它们。查尔斯已经成了一名经验丰富的猎手，他不知疲倦地打猎松鸡。他甚至不脱靴子，靠着床脚睡觉，就是为了清晨可以一骨碌爬起来去打沙锥和松鸡，一分钟也不愿耽误……

为了让父亲满意，查尔斯又在爱丁堡待满了第二年，但是他开始对自己的未来产生了疑问。他很想成为一名医生，可是多年的医学学习令他感到害怕。事实上，他希望父亲给他留下足够的钱供他生活，而不用工作，这样他就能专心地狩猎和研究自然史了。有一天，他去爱丁堡医院观摩了两个手术。在那个年代，外科手术是不用麻醉剂的。查尔斯被手术现场吓得夺路而逃。最终，他向父亲述说了他要放弃成为一名医生的想法。

"我很遗憾你做出这样的决定，不过你已经长大了，可以自己决定自己的未来。但是，你绝对不可以没有工作。你觉得做一名牧师怎么样？"

查尔斯认真考虑了一下，这个新提议令他很满意。很多牧师在业余时间都会研究自然史。他们研究岩石，寻找**化石**，对植物也很感兴趣。查尔斯并不是一个**笃信宗教的人**，但是他也没有怀疑过在教堂里听到的东西，他觉得这就足以让他从事牧师的职业了。为了成为牧师，他必须拿到大学文凭，于是他去了剑桥大学。

化石：存留在岩石中的古地质年代的动物或植物的遗体或遗迹。

笃信宗教的人：虔诚的、迷恋宗教仪式的人。

不幸的是，剑桥大学的课和爱丁堡大学的课差不多！他非常讨厌数学，研读那些经典文章也让他觉得无聊。

相反，他很喜欢听植物学教授约翰·史蒂文斯·亨斯洛的讲座，并且跟着他参加他为学生组织的远足活动。然而他最喜欢的，要数昆虫了。他狂热地收集**鞘翅目昆虫**，而这种热情在他的大学学习中是没有的。

鞘翅目昆虫：昆虫的一种（如金龟子、瓢虫……）。

有一天，他剥开一棵老树的树皮，发现了两只品种稀有的甲虫，他一手抓了一只。接着他发现了第三只，这只更加珍贵。他不想错过任何一只，就把右手抓着的那只放在嘴里，好腾出手来去抓第三只。结果那只甲虫喷出的酸液灼伤了他的舌头，最后让三只甲虫全跑了……

每个星期，亨斯洛教授都会组织一次晚间聚会，参

加者都是对科学着迷的教授和学生。在亨斯洛的建议下，查尔斯开始跟随塞吉威克教授研究地质学，并由塞吉威克教授推荐，参加了一趟去威尔士的学习旅行。那段时期，他学习了如何绘制地质地图。

在剑桥大学学完四年之后，尽管缺乏学习热情，查尔斯还是轻而易举地获得了"文学士"的文凭。于是他回到了什鲁斯伯里，等待一位论教会给他分配教职。在这期间，他打算去加那利群岛旅行，看一看特内里费火山岛，探险家洪堡对这座火山有过很多描写。然而，亨斯洛的来信和环球旅行的提议把这些计划都打乱了……

维多利亚女王时代 当时的英国社会存在着强烈的反差。工人阶级的赤贫和有产阶级的富足两极分化明显，飞速发展的工业和僵化的公共道德观念并行不悖。

维多利亚女王

于 1837 年登上王位，时年 18 岁，其统治直到 1901 年逝世为止。尽管政治权力有限，但她仍然对英国社会产生了深远的影响，她的名字已镌刻在了这段漫长的执政时期中。

星期天的弥撒

英国国教无处不在。宗教热情和道德观念渗透在维多利亚时期的文学和绘画中。

资产阶级

贵族和工业大资产阶级占据着社会的最顶层。这些人出入相同的俱乐部，他们的子女也在相同的大学读书。而社会的最底层，穷苦农民和工人则往往生活在水深火热之中。由商人和自由职业者组成的中产阶级开始发展起来。

资产阶级的讽刺漫画

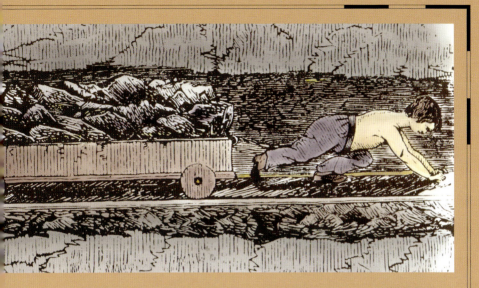
矿井中的童工

"他希望父亲给他留下足够的钱供他生活，而不用工作……"

革命

蒸汽机的迅猛发展催生了工业革命。煤矿和铁矿开足马力生产，纺织业一片繁荣；工人们每天工作长达18个小时，却挣着极低的薪水。学校不实行义务教育，童工们在纺织厂和煤矿里辛苦劳作。社会保险慢慢开始施行。1833年的一条法律规定13岁以下的童工每天工作不可多于8小时。

议会

英国是议会君主制国家。部分议员是皇室任命的，其他则通过选举产生，但只有名流显贵才拥有选举权。穷人没有选举权，妇女同样没有。两大政党把持着政坛：代表传统大贵族利益的托利党，和代表新兴工业资产阶级利益的辉格党。

从海洋到森林

查尔斯在船舱尾部安顿了下来，开始摆放他的器材。他展开用来采集标本的网，这是一种筒状的细网，网眼很密。一端合起来，一端开口，并用搭成十字架形状的两根木条固定住。他把整个网系在一根绳子上，放入水中，顺着船体的方向，同时注意不让它缠住挂在**船舺**的小艇。他松出五十几米长的绳子，然后静静地等待。炎热的海风吹拂着脸，吹得贝格尔号的船帆都鼓胀起来。可不是经常有机会能这样悠闲地休息。几分钟之后，他收起网，将收获倒在甲板上。他把藻类和已经用短颈大口瓶收集过的动物扔回海里，将一些小水母放在酒精瓶里，又把几只似乎裹了一层胶质外壳的奇异的虾搁在一边，以待研究。一会儿之后，他要在绘制地图的桌上，用显微镜仔细地观察它们。

查尔斯知道水手们在观察自己。他猜他们在笑他，不过他不生气。他们看到他爬到**帆索**上去抓一只四处乱撞的甲

船舺：一艘轮船的尾部，和"船艏"相对。

帆索：用于支撑桅杆的粗缆绳。

虫，就给他起了个"捕虫者"的外号。他其实还挺喜欢这个外号。突然，水手们四下散去了，查尔斯瞥见了约翰·维克汉姆的高大身影。

"好啊，达尔文先生，您又在用您这些该死的虫子污染我的船了。假如我是船长，我一定让您的那些破烂玩意儿见鬼去！"

"我很抱歉给您造成这么多困扰，维克汉姆先生，可是这次我已经很小心了。"

查尔斯给他看自己手中修补好了的船帆，上面还有几只小动物在挣扎。事实上，他和大副相处得不错，他知道他的怒火已经消了一半。但是，他仍然十分注意不要妨碍到水手和船员。他体验了皇家船舰上的生活，纪律是十分严苛的，稍有过失就要遭受惩罚，而且大多是体罚。另一个体会是，横渡大洋时船上的工作是很繁重的，必须不停地调整船帆、清扫甲板、修理缆绳。他在船上的室友斯托克斯向他说明了要遵守的几条规则：

"在船上，必须忘掉您的优雅风度。早餐八点开始。您到点就吃，不用等别人，吃完就得马上闪人！"

查尔斯认识了船上的所有船员，他们都很欣赏他那充沛的精力和温和的脾气。他们给他起了个外号叫"哲学家"，因为他总是给他们讲自然界的种种奇迹，以此证明上帝的存在。尽管这逗得大家哈哈大笑，但他所受过的人文科学教育给大家留下了更深刻的印象。

令查尔斯感到惊讶的是，贝格尔号看上去很小，但实际上非常实用。在这里，他什么东西都不缺，空间狭小反而能迫使他工作的时候加倍严谨。他对每种收集物都用文字描述，加以编号，然后整齐地排好。唯一真正的问题并不来自这艘船，而是来自大海。当海上的大浪持续不断时，查尔斯就没办法工作了，只能躺在吊床上。他晕船晕得厉害，比他之前想象的要难受得多。有好几次他什么事情都干不了，只能照着父亲的建议，嚼嚼葡萄干。

幸好还有中途停泊的时候，这对于查尔斯来说是旅行中最重要的时刻，因为他对植物、动物和岩石标本的收集工作主要是在陆地上完成的。第一个中途站应该是加那利群岛的特内里费，但是岛上当局禁止他们靠岸，因为怕他们给岛上居民带来霍乱。于是，贝格尔号继续它的航程，查尔斯眼睁睁地看着他如此渴望攀登的那座火山渐渐远去、消失。几天之后，船停靠在佛得角群岛的普拉亚港。查尔斯第一次踏上了一片陌生的土地。查尔斯被这片由海底火山形成的群岛迷住了。每天晚上，他都把白天的新发现记录下来。从出发开始，他就一直在写航海日志，叙述旅行过程中的各种事件，还有一本记事本，专门记录他的科学发现。当他回到贝格尔号上时，菲茨罗伊船长问他：

"您能给我读几页您的日志吗？"

查尔斯照做了，但有点担忧，不过他写的东西似乎让船长很感兴趣：

"这真是引人入胜啊。我想咱们返回英国后，您可以把您的发现公开发表出去！"

查尔斯开始写日志时就是这么打算的，因为他万分渴望跻身于他崇拜的博物学家的行列。

贝格尔号现在在非洲和南美洲之间的茫茫大洋上航行。全体船员正为"跨越界线"——也就是穿越赤道——的传统仪式做准备。查尔斯十分高兴地接受了装扮成**特里同**或魔鬼的水手为他精心准备的节目。他们在他脸上涂满了沥青和油漆，然后给他刮胡子，接着把他扔进一

特里同： 古希腊神话中的海之信使，海神波塞冬之子。

个盛满海水的木桶里。菲茨罗伊船长嘲弄地站在一边旁观。

1832 年 2 月 28 日，贝格尔号驶近巴西海岸，并停靠在巴伊亚湾，那里已经停泊了众多船只。查尔斯下船来到一个迷人的小村庄，村里都是漂亮的白房子，然而他无暇顾及这些，心里只有一个念头：近距离看一看覆盖山丘的那片森林。他以前只在黑白版画中领略过热带风光，当他亲眼看到绚丽多彩的兰花和西番莲花、优雅挺拔的椰子树，还有丛林中那些威严的参天大树时，真的被震撼住了。他惊叹于异常茂盛**葳蕤**的木本植物、难以穿越的繁密荆棘、攀缘大树的藤本植物、生长在枝丫和树干凹陷处的寄生植物……查尔斯马上就会

葳蕤：形容草木茂盛的样子。

超越对动物和植物简单的清点工作，会给他目前只能描述的所有东西赋予一种意义，准备带回去借助书籍来一一识别。

他雇用了周围村庄里的一些孩子，让他们把能找到的所有物种都给他带来。

石头用报纸包好，植物压在标本册里脱水干燥，昆虫用大头针固定在标本盒里，小型的水生动物浸泡在酒精里，鸟类标本用稻草填充。几个星期之后，他就装满了好几个标本箱，将菲茨罗伊船长的舱室挤得满满当当。就像他定期写给父亲、姐妹和好朋友亨斯洛的信一样，

他会找到一艘回英国的船，把箱子捎回去。

实际上，他也和亨斯洛说好了，在旅行过程中会陆陆续续地把收集到的标本寄给亨斯洛。

亨斯洛收到标本后，会负责将标本送到各位专家那里，由他们精确地识别物种。

查尔斯对自己的记忆力并没有信心，于是他将所有找到的东西都记录下来。他将每一个标本编号，把收集地点和当时的情形都详细记录下来，编成名录。所有这些信息可能都很重要。每朵花、每种动物在查尔斯眼中都是新鲜事物，然而对于欧洲的博物学家来说，可能只是些司空见惯的物种罢了。不过没关系，他还是坚持收集和描述所有看见的东西，从花到昆虫，从爬行动物到鸟类。几个月内，他改进了作为博物学家的研究技术，迅速增长了关于岩石、蜘蛛、鱼类等的知识。当查尔斯·达尔文返回贝格尔号时，他仍然是一名入门级的博物学家，但是他正在成长为一名真正的专业人士。

一个引发众议的观点 在对生物圈持续一个多世纪的采集、记录之后，博物学家们试图构建地球以及地球居民的历史。物种变化论的观点很吸引人，但同时也遭到了强烈的反对。

伊拉斯谟·达尔文（1731—1802年）

拉马克，物种进化论者

拉马克是巴黎自然历史博物馆的教授，他相信随着时间的推移，物种会发生变化。因为在研究贝壳类生物的化石时，他发现从连续的地层中发掘出来的贝壳化石存在着明显的逐渐变化趋势。

拉马克（1744—1829年）

贝壳化石

拉马克是最早为物种演化提出整体解释的科学家之一。他认为，当动物生存的环境发生变化时，它们会通过改变自己的器官构造和行为来适应环境的变化。这些在它们的生命中获得的改变此后会代代相传。这一观点现在已被舍弃了。

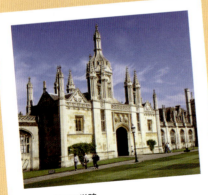

剑桥大学国王学院

剑桥

剑桥和牛津是英国最古老的两座大学城，大多数英国著名的博物学家都在这里任教。

一位先驱者

伊拉斯谟·达尔文是进化论者。他特别强调在繁殖期雄性动物之间争斗的重要性。

"他完完全全被亚马孙丛林的丰富博大所折服，采集了所有他能找到的植物物种样本。"

居维叶，不变论者

二十世纪初，乔治·居维叶是法国最负盛名的动物学家之一。人们从世界各地给他寄去各种动物化石或现代动物的骨骼。他坚持认为物种不会进化，而是"固定不变"的。他认为，人们发现的化石对应的那些动物已经在地质变化和大灾难中灭绝了。

圣鹮

引起争论的鸟类

居维叶认为，现代鹮类和在埃及发现的木乃伊圣鹮基本相同，这说明不存在进化。而拉马克的观点是，鹮类没有发生变化的理由是气候条件保持不变。

居维叶（1769—1832 年）

巴塔哥尼亚的巨型动物

在几个月里，贝格尔号沿着巴西、乌拉圭和阿根廷的海岸线航行，目的是尽可能细致地描绘沿海地带的地图。不光是准确描绘出海湾和海角，还要测量海水的深度，这项工作对于确保英国船队的安全是必不可少的。事实上，在那些未知的海岸，船只经常会撞碎在与水面相平的暗礁上，或者在淤泥滩上搁浅。每次只要有机会登陆，查尔斯就会下船去周边的区域探索一番，研究山脉，还有动物和植物。

只可惜，菲茨罗伊船长的命令十分严格：任何人不得独自下船，除非是在"已开化的"大型港口。于是，查尔斯就只好跟着寻找水源或者粮食补给的水手们行动。菲茨罗伊有时也会派给他一个助手，但是这样一来，就给留在船上的水手增加了工作量。最后，查尔斯写信给他父亲，问自己能否雇用一名仆人来协助工作，这项开支为每年六十**英镑**。他父亲同意了，查尔斯就选择了贝格尔号上的见习水手兼小提

英镑：英国货币单位。

琴手希姆斯·科文顿来做这份工作。查尔斯教他捕捉鸟类，把它们填上稻草做成标本，特别是如何小心翼翼地将所有标本打包、装入箱子，寄给亨斯洛。他帮了查尔斯很大的忙，这下查尔斯就可以专心致志地研究标本、撰写描述了。

几个月之后，查尔斯决定进行一趟为时更长的探险旅行——到阿根廷南部的巴塔哥尼亚度过几个星期。他将骑马旅行，到另一个港口再与贝格尔号会合。他和加乌乔牧人一路同行，他们是**阿根廷大草原**上看守畜群的放牧人。大草原上的景

阿根廷大草原：又称南美草原或潘帕斯草原。

色是单调的，一片广阔的平原、一望无际的青草和低矮的灌木丛，一棵树也没有。在和加乌乔牧人相处的过程中，他学会了如何找到和烧熟美洲鸵鸟的蛋，美洲鸵鸟是一种身形较小的鸵鸟。加乌乔牧人用球链捕猎，那是一种用皮绳连在一起的三个大金属球。他们把球链在头顶抡圆，然后朝着追赶中的动物的腿部投掷出去。

　　查尔斯仍然打猎，但是已经不像在英国时那么狂热了，因为他现在的工作要有趣得多。他用猎枪打野味，也捕捉动物，来补充他的标本库。

在大草原上生活的只有几种动物：鹿、水豚（一种美洲特有的大型啮齿动物），原驼（一种未经驯化的羊驼），还有美洲豹——对它最好避而远之！查尔斯会对动物的皮和骨架进行加工，目的是将它们制作成标本。

有一天，当他解剖一只鹿的时候，不小心割破了一个尸体上的小腺体，里面流出了气味浓烈的体液，这种体液通常是雄性用来标记自己领地的。结果，一连几个月，他的围巾上都带着这种令人恶心的气味，无法摆脱！

粗粝： 原指粗劣的食物。

牧人披风： 一种南美的披风，形如毯子，中间开有领口。

弥尔顿： （1608—1674年）英国诗人，出生于伦敦。

然而，他很快便适应了这种**粗粝**的生活。他在露天睡觉，穿着各种羊毛混制的厚实的**牧人披风**抵御凛冽的寒风。晚上，他读几行**弥尔顿**的《失乐园》，这是他唯一带去的书。他只带了很少的私人物品，因为他那些标本箱随着旅程的继续会变得越来越重。他甚至没带磅秤，于是就自创了一种称重方法，在他的记事本上记录道："这只大型啮齿动物的重量是一个装满的水壶、两个大球加四个小球。"探险归来时，查尔斯得知有几个人去世了。

巴塔哥尼亚的巨型动物

他自己也生了病，在吊床上躺了好几天。在贝格尔号上，生活条件很艰苦，水手们经常处于缺水状态，能够供他们装满水箱的河流是很少的，不得不挖井，但井水有时是发咸的，无法饮用。当查尔斯能再次站起来时，又重新开始了他的研究……

加乌乔牧人们说，他们有时会发现一些巨大的骨头，说不定是以前生活在这块土地上的巨人的遗骸！查尔斯不相信有巨人，但他知道这个地区已经发现过一些大型动物的骨骼化石。有一次陆上探险时，他在沙地里找到一块奇怪的石头。事实上，这是一块骨骼化石，是大地懒的下颌骨。这种已经灭绝的动物有一个绰号叫"大懒兽"。实际上，它的体型和大象相当，却和树懒——一种今天生活在亚马孙丛林树上的小型动物——有很多相似之处。再往南部去一点，查尔斯发现了成堆的骨架。有好几种大地懒，还有直径两米以上的甲壳，有可能是犰狳的背甲。查尔斯和他的助手信心满满，开始用鹤嘴镐将这些骨骼挖出来。希姆斯因为太用力脸涨得通红，用手帕擦拭着额头：

　　"呼！太累人了！这些骨头是怎么嵌到地里去的？谁想出来的荒唐主意，把这么大的动物给埋起来？"

　　"不，不，希姆斯，它们不是被人埋的，而是被沙子覆盖的！"

　　"我没想冒犯您，达尔文先生，可这是一回事啊！"

　　"可能吧，但这种情况是自然而然地形成的，毫无人为的因素参与其中。只需要想象一下，我们现在正在一个**河口**……"

河口: 河流的入海口。

"可是，这里方圆几公里连一滴水都没有啊！"

"……这个河口已经干涸了几千年或者几百万年了！可能是陆地抬升了，或者恰恰相反，是海平面下降了。不管怎么样，生活在这里的动物死了，然后有可能是在河水上涨的时候，水流把尸体带到了一个水势平缓的地方，河流挟带的泥沙把它们掩埋了起来。"

骨骼被挖出来后，两个人将骨骼放在马背上。第二天他们会返回贝格尔号，准备起航前往里约热内卢。查尔斯想利用海上航行的这几天重读莱伊尔的书《地质学原理》里的一章。这本书为他提供了很大的帮助。亨斯洛曾向他竭力推荐这本书，但是又补充道，千万不能把作者的结论当回事。因为书中，莱伊尔反对化石是《圣经》上说的大洪水中灭绝动物的遗骸的说法。《圣经》上说是这场大洪水造成了地球上大多数动物和人类的死亡，化石很可能就是这场灾难中灭绝的动物的遗骸。某些博物学家就是持这样的信仰，因为这种说法使得现实中的化石和《圣经》的记载达成了一致。亨斯洛对自己的信仰十分虔诚，不会质疑大洪水的故事。然而，对于莱伊尔而言，这个故事无法解释为何化石品种极其多样，而且它们显然是在不同的时代形成的。

同样，在查尔斯看来，他在这里通过挖掘地层观察到的情形，显然并不是世界性的灾难造成的结果，而是一个极其平常的事件——仅仅是河水上涨造成的。他越来越相信莱伊尔的理论是正确的：不能用超自然的灾难来解释地球的过去，而应该用今天还在运作的机制，那些缓慢而逐渐形成的现象来解释，比如山脉的**侵蚀**和河床泥沙的沉积。

侵蚀：地球表面由于水、冰冻、风等作用而发生的磨损。

坐在篝火旁，查尔斯若有所思地吃着东西，都顾不上品尝希姆斯烤的美味的犰狳肉。在同一区域，他发现了很多贝壳类生物化石，和今天生活在沿海地带的物种几乎一样。因而，那些被他找到骨架的庞然大物并不很古老，也许距今只有几千年！然而它们是因为什么原因灭绝的呢？是因为缺乏食物？还是被捕杀？被谁捕杀的呢？

另外，还有一个问题困扰着查尔斯。为什么它们和今天生活在南美洲的物种很相像呢？今天的树懒和犰狳会不会是这些巨型动物的后代呢？那么，这可能意味着物种的确是在变化的！他的祖父可能是有道理的，不过他得找到有说服力的证据。查尔斯在露天中睡着了，梦见在未来的某一天，自己将所有这些发现写成了一本书出版。

消失的物种 博物学家们发现某些化石是未知的物种。它们到底是生活在尚未发现地区的现存动物，还是已经"消失"的物种呢？

祖先

大地懒身长6米，重达3吨。雕齿兽是一种身长3米的大犰狳。

雕齿兽　　　　**犰狳**

大地懒

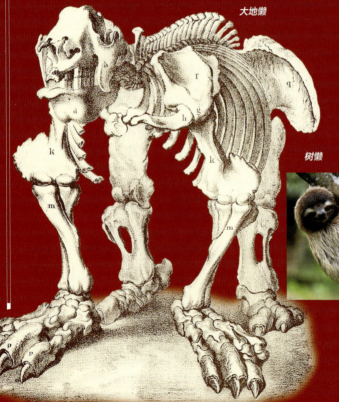

树懒

阐释

某些博物学家认为，化石物种和现存物种之间的相似性说明当今动物界的构成和上帝在创世之初的设想是一致的。而另一些博物学家则认为，这种亲缘关系的发现，正说明物种随着时间推移而发生了演变。

"有一次陆上探险时，他在沙地里找到一块奇怪的石头……是大地懒的下颌骨。"

大洪水

某些动物的灭绝令那些坚信《圣经》的信徒感到疑惑。对他们而言，造成动物灭绝的唯一灾难就是由上帝降下的、旨在惩罚人类罪恶的大洪水。这就是为什么人们会把古代动物称为"洪水前动物"，也就是在大洪水之前的动物。然而，掌握了关于岩石和化石的更加确切的知识后，大多数博物学家开始拒绝这一"解释"。

理查德·欧文

欧文是19世纪最著名的动物学家之一。他的突出贡献是命名了一个爬行动物的新种类——恐龙，当时首批恐龙化石刚刚被发现。但是他不赞同进化论的观点，强烈反对达尔文的学说。

理查德·欧文
（1804—1892年）

奴隶和印第安人

在船上，菲茨罗伊船长并不是一直很好相处的。第一次严重的分歧发生在里约热内卢。查尔斯听说了一桩在他看来很可怕的事：有一个大奴隶主决定把他的一批奴隶卖掉，而且把男奴和他们的妻子、孩子分开。于是这些家庭就将分散到好几个买家手里。当查尔斯和菲茨罗伊一起吃晚饭时，他无法掩饰自己内心的想法：

"奴隶制度是一种真正的丑闻，尤其是在巴西这样一个基督教国家。**托利党人**怎么能够支持这样的罪恶呢？"

托利党人：英国的保守党成员。

菲茨罗伊冷漠地看着查尔斯：

"我亲爱的查尔斯，奴隶制度远没有您想象的那么可怕。有些人甚至很喜欢当奴隶呢！"

"您怎么能肯定有这样的事呢？"

"有一天我和一个奴隶主讨论，他跟我说，他的奴隶根本不想获得自由。他还当着我的面问他的一个奴隶，回答就是否定的！所以说，为什么还要给这些人连他们自己都不要的自由呢？"

"先生，您真的认为一个奴隶能在主人面前说出他心里真正的想法吗？"

"您居然质疑我说的话！既然这样，我觉得以后我们不能一起吃晚饭了。"

船长脸色发白。查尔斯站起身来，向他告辞，走出了船舱。和菲茨罗伊一起吃饭有时候很无聊，而现在，已经变得难以忍受了。没办法和这位英国轮船的船长正常交谈了，一次简单的意见分歧竟然导致了这样的结果！维克汉姆建议查尔斯和船员们一起吃饭。然而，几天之后，菲茨罗伊向他道歉，并重新邀请他一起用餐。查尔斯同意了，并且做出了让步，吃饭时只谈些无关紧要的话题。但是令人愤怒的事情还是有的。查尔斯在阿根廷草原上骑马旅行的时候，曾惊恐地看到军队在屠杀印第安人，特别是试图杀死所有的女人。当他在菲茨罗伊面前流露出恐怖情绪时，这位平时温文尔雅的船长却不冷不热地说：

"那您想怎么样呢？这些野蛮人有的是孩子！"

当天晚上，查尔斯不无悲伤地在他的记事本上写道：

"我相信半个世纪以后，在里约热内卢北部连一个印第安人也不会有了。"

贝格尔号继续朝着南方航行。1832 年 12 月，即离开英国海岸一年之后，他们到达了**麦哲伦**海峡。这条狭窄的海上通道将美洲大陆和**火地岛**分隔开来。想要进入太平洋的船只就可以绕开以危险著称的合恩角，直接从麦哲伦海峡通过。海峡两边是平坦的山脉，覆盖着茂密的山毛榉树林。冰川形成高耸的白色悬崖，不时会有巨大的冰块带着震耳欲聋的爆裂声掉落下来。尽管这时候是南半球的夏天，贝格尔号却经常在一片浓雾中行进，时不时会遇上一场突如其来的暴风雪或冰雹。

当船驶进成功港时，水手们发现了一群**火地岛人**坐在海边一块巨大的岩石上。他们朝着贝格尔号发出悠长的呼吼声，令查尔斯不寒而栗。第二天，菲茨罗伊派出几个人乘一艘**捕鲸小艇**，去和他们接触。等他们一上岸，马上就被当地土著包围了。土著人高大强壮，几乎赤身露体，身上和脸上画着黑、白、红三色的几何图案。他们身上唯一的衣物就是一张原驼皮，

麦哲伦：（1480—1521 年）葡萄牙航海家，他发现的海峡以他本人的名字命名。

火地岛：拉丁美洲南部的群岛，和美洲大陆之间隔着麦哲伦海峡。

火地岛人：火地岛的土著居民。

捕鲸小艇：由轮船拖曳的小船，与用于捕鲸的船相似。

勉强帮助他们抵御寒风。他们拿着弓箭和尖端由兽骨磨成的**投枪**。查尔斯看见海滩后面有一些小木屋，由树枝搭建，顶上蒙着兽皮。看到火地岛人的情形，查尔斯很激动，他低声对约翰·维克汉姆说：

"这些人似乎刚从人类的原始蒙昧状态中走出来。我感觉这些人好像是我们遥远的祖先一样！可是他们想从我们这儿得到什么呢？"

"我知道，他们是想跟我们要刀！不过，我们不会送给他们武器的……"

就像大多数同时代人一样，查尔斯也把他们看成"野蛮人"，认为他们的社会比英国社会要低级得多。他们的外表和动作姿势令他感到惊奇。在他们的声音中，他只听出一种几乎不成形的**儿语**。事实上，在这些令他目瞪口呆的人面前，他已经丢失了往常的观察精神，而表现出他的社会阶层所持有的偏见。然而，尽管他认为英国文明比世界其他地方的文明要先进，但他并不认为火地岛人是生来就低人一等的。他认为，他们是极其恶劣的社会环境的牺牲品。归根结底，他们缺少的就是良好的教育而已！

实际上，查尔斯之前就接触过火地岛人。在贝格尔

投枪：用于狩猎的标枪。

儿语：幼儿的语言。

号上一次航行时，印第安人偷走了一艘捕鲸小艇。菲茨罗伊勃然大怒，奋起反击，劫持了四个年轻的火地岛人，想用他们换回小艇。然而，最终他把他们带回了英国。其中一个死去了，剩下的三人在英国的学校里接受了一些教育，并皈依了基督教。菲茨罗伊决定把他们带回火地岛，好让他们在其同胞中间传播英国的价值观。在这趟航程中，查尔斯和他们谈过话，他发现无论是性格上也好，智力上也罢，他们和英国人并没有很大的不同。

这三个火地岛人和他们的家人团聚了。水兵帮助他们建造房屋，开辟一块田地播种蔬菜。菲茨罗伊希望他们能够依靠种植农作物生活，并且把这些技术教给其他的印第安人。水手们还给马修造了一座小屋，马修是**传教士**，他要待在这里，以便向当地部落**传播福音**。一个星期之后，周围的印第安人将那三位受过船长保护的人的物资几乎偷抢一空！菲茨罗伊对马修的人身安全感到担心，就让他上船了。其中一个火地岛人宁愿重返英国，但是菲茨罗伊船长坚持实施他的计划：

"火地岛人应该留下来，负责帮助海难受害者。这

传教士： 被派往国外的修道者，其职责是传播宗教教旨并使当地人入教。

传播福音： 教授并传播基督教信仰。

很重要。在这个地区航行很困难，许多船只都失踪了。"

船长决定从南面经合恩角，绕过火地岛。船只遭受了一连串的风暴，是菲茨罗伊见过的最厉害的风暴。海上冰雪覆盖，海浪滔天。贝格尔号几乎被狂风巨浪给掀翻。一波巨大的浪头打在甲板上，把一艘捕鲸小艇卷走了。海水从四面八方灌进来，几乎把查尔斯所有的植物标本都毁掉了。

在整整二十四天里，全体船员与失控的天气徒劳地做斗争。菲茨罗伊必须放弃了。他们在火地岛又停留了一段时间，接着返回了大西洋。船只中途停靠在巴塔哥尼亚旁边的马尔维纳斯群岛，随后继续在阿根廷开展勘测工作。贝格尔号直到第二年1833年夏天才回到火地岛，接着沿智利的海岸线航行，进入太平洋。

查尔斯因为晕船只得躺在吊床上，无法工作，他给他的姐姐写信："我讨厌这里，我恨大海和海上航行的所有船只。"

英国的殖民主义 大英帝国向全世界扩张。此举为英国增加了财富，但对殖民地人民却实行残酷的统治。

咖啡

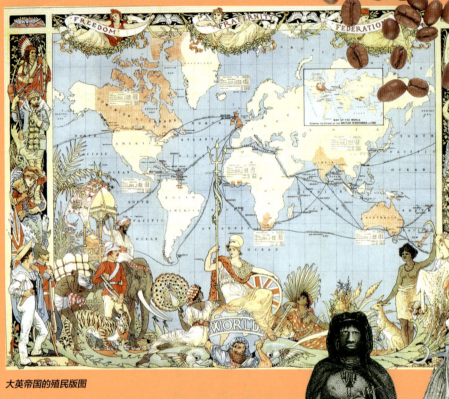

大英帝国的殖民版图

英国的殖民地

英国的工业是从印度（以及美国南部）进口棉花原料，在英国制作成服装，然后在印度销售。因而，他们在殖民地获取制造商品所需的原料，以及购买他们产品的顾客。殖民地也供应米、可可、咖啡，当然还有茶。

受苦受难的民众

火地岛人逐渐减少，被阿根廷殖民者驱逐或者被他们无法抵御的疾病所压垮。今天他们已经不存在了，就像被英国殖民者消灭的澳大利亚塔斯马尼亚岛的土著人一样。

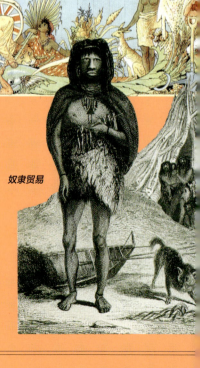

奴隶贸易

被当作奴隶贩卖的火地岛人

反对奴隶制的版画

"先生，您真的认为一个奴隶能在主人面前说出他心里真正的想法吗？"

一袋可可

奴隶制度

在巴西或美国南部，奴隶是大农场主的财产，和牲口的地位一样。男人、女人和小孩都通过拍卖方式交易。

奴隶制度的废除

从南非到新西兰，殖民地人民被剥夺一切政治权利。在反对奴隶制的压力下，英国于1833年废除了奴隶制度，然而，仍然从美国南部以极低的价格获取由奴隶采摘的棉花。

乌龟岛

查尔斯惊醒了。他觉得有一种轻微的晕船的感觉，有一瞬间还以为自己又回到了贝格尔号上。但他一直在森林里，是大地在动，仿佛被微小的波浪摇动一般。这是**地震**！查尔斯有些担心，坐起身，然后站了起来。躲在树下，他不会有什么危险，

地震：地壳的震动。

而在城市里，情况就很严重了。1835 年 2 月 20 日的那次地震，是智利有史以来最猛烈的地震之一。地震完全损毁了康赛普西翁和塔尔卡瓦诺这两座城市，造成了成千上万人死亡。贝格尔号没有受到地震引起的海啸的影响，但该地区的所有港口在滔天巨浪中都遭到了破坏。

这场灾难对于查尔斯来说是一次真正的冲击，不光是因为地震引起的伤亡和损失，还因为自己亲身经历了一些以前只在地质书籍上看到过的东西：大地是不稳定的！他观察了沿海地带的一些岩石，岩石上覆盖着贝壳，正在空气中慢慢腐烂，这些岩石在地震前必然是在水面以下的。

当菲茨罗伊船长在智利沿海继续他的地图勘测工作时，查尔斯去考察沿海平原以及从南到北纵贯这个国家的安第斯山脉近海的几处分支。在圣地亚哥，他雇用了一名向导和一队骡子，用于运送生活给养和必要的物资工具。必须防备可能来袭的暴风雪。时值深秋，探险队需要翻越海拔约四千米的波尔蒂略山口。爬山的过程很缓慢，也很艰难。两个人遭到了狂烈的寒风袭击。经过山口的时候，他们在寒风中几乎无法呼吸。然而，查尔斯还是一如既往地充满激情。山顶的风光十分雄伟迷人，熠熠闪耀的红色岩石与莹莹白雪形成强烈的色差对比。湛蓝的天空中，几只大秃鹫在奇伟的山峰四周盘旋。查尔斯发现了一些嵌在岩石里的贝壳化石。

"这证明以前这些岩石是在海里的！"

"可是，先生，这怎么可能呢？我们差不多已经在安第斯山顶峰了！"

"上个月的地震就将海岸线抬升了好几米。想象一下，在几千年里，也许几百万年里，这样的地震肯定发生过很多次。"

"谁知道呢。"

当查尔斯返回贝格尔号时，菲茨罗伊向他宣布他们

将离开美洲海岸，准备横渡太平洋。

加拉帕戈斯群岛： "加拉帕戈斯" 在西班牙文中意为 "乌龟"，该岛以乌龟众多而得名。

"我还想完成好几个群岛的精确地图。第一站，是**加拉帕戈斯群岛**。我们将于九月中旬到达那儿。"

这天夜里，查尔斯难以入睡。他这趟探险归来时，收到了家人和亨斯洛的信。其中几封信辗转了好几个月才到他手里，不过听到父亲和姐妹们的消息，他还是很开心。大地懒的骨骼化石令大英博物馆的管理员十分激动。查尔斯迫不及待地想要去太平洋上的岛屿探险，但他也很想回到英国。他已经四年没有见到家人了。菲茨罗伊曾跟他说过，要完成这趟旅行任务，两年的时间是

不够的，但当时这话并没有吓倒渴望着出发远航的查尔斯。而现在，他已经归心如箭。

　　加拉帕戈斯群岛是一组火山群岛，位于赤道附近，绵延一千公里。以前，岛上唯一的居民是一些海盗和捕鲸人，不过近几年来，英国政府向这里遣送了一些政治囚犯，他们形成了一个小的**移民群体**。

移民群体：新近移居到一个地区的居民群体形成村落。

他们种植蔬菜和香蕉，在树林里捕获山羊和野猪，这些动物都是以前的航海者带来的。除了这些或多或少已被驯服的动物之外，当地的整个动物界展现出一幅十分奇异的图景。体型最大的

动物就是一些爬行动物和鸟类，并没有任何哺乳动物的身影。

　　希姆斯·科文顿心情欠佳。因为达尔文先生要求他一同登陆，帮忙运送石头。他一直在收集石头，似乎怎么收集都不够。在阴暗的丛林里，科文顿已经踏在焦黑的泥土上走了两个小时，尽管穿着靴子，他还是觉得灼烫难忍。来来回回地走了多次之后，他发现只剩下自己一个人了，他完全迷路了。突然，他瞥见远处有查尔斯的身影。可是，这人的动作很奇怪：他慢慢地前进，双腿却没有动。他胡乱挥舞着胳膊，仿佛身子要掉下去一般……结果他真的掉下去了！走近一看，希姆斯才明白刚才灌木丛挡住了一部分画面。事实上，查尔斯刚刚爬上了一只巨型乌龟的背，并且想要保持平衡，尽管乌龟行动缓慢，但也不是一桩容易的事。

　　"它至少有两百公斤重，驮起我一点都不费劲！"

　　"达尔文先生，我一点都不想玩，我只想找到水！"希姆斯不无抱怨地回答道。查尔斯笑了笑，指着地上成堆的、由火山熔岩形成的黑色石块说：

　　"在这儿你是找不到淡水的，但是你可以效仿以前的航海者的做法。当他们非常口渴的时候，他们会杀死一只乌龟，喝它膀胱里的水。这些乌龟找到水源时，它们会喝好几升，然后把水贮藏在这个器官里。一段时间以后，这些水还是可饮用的，只不过稍稍有些咸！"

"好吧，我还不是很渴……"

加拉帕戈斯群岛真是名副其实的乌龟岛！几个世纪以来，每艘轮船都会将几十只乌龟装上船，叠在甲板上，把它们当成活的食品柜。它们同样也是当地居民重要的食物来源，被成百上千地捕杀。尽管如此，当查尔斯考察该群岛时，乌龟的数量仍然很多。

奇怪的是，每一个岛屿似乎拥有自己特有的乌龟种类，这从龟甲上鳞片的构造就能轻易地看出来。是殖民地副总督罗森先生提醒查尔斯注意这个奇怪的现象的。在这之前，咱们的博物学家查尔斯把来自好几个岛屿的龟甲混在一起，还以为它们是同一个物种呢。现在他有些气恼了，因为他的工作本应该很精确，但他却没有做到！另一种爬行动物是鬣蜥——一种大型蜥蜴，有两个种类，一种陆生，一种海生。海生鬣蜥以藻类为生，它们沿着海岸线，潜入海平面以下好几米寻找藻类。它们是游泳高手，纵向摆动着扁长的、好似鱼鳍一样的尾巴。

陆生鬣蜥也是食草动物，它们的食物主要是仙人掌和刺槐的叶子。在查尔斯看来，这些岛屿不存在食草的哺乳动物，它们的角色被所有这些爬行动物代替了。乌龟和鬣蜥代替了兔子和羚羊！他感觉自己被带到了遥远的过去，来到了大型爬行动物统治地球的年代。他还记录了这些岛上特有的二十六种鸟，其中一些燕雀因为喙的形状和进食习惯而各不相同。在已经成为好友的约翰·斯托克斯面前，查尔斯有时候会不克制地稍微夸张一点：

"在这些岛上，我们面对的是谜中之谜。在这块全新的土地上，这些生物是首次被发现。"

"但是，生活在这里的动物和美洲大陆的动物难道不是同一时间被创造出来的吗？"

"不可能，这些岛屿比美洲大陆要年轻得多。岛上是近年来才有生物的。奇怪的是，这里的鸟类和我们在美洲发现的鸟类很像，但是又有明显的不同。"

"可是，假如它们来自美洲大陆，就应该和美洲的物种相同啊。"

"问题就在这里！更加令我感到惊讶的是，每个岛屿有它自己的燕雀种类，甚至有自己的乌龟种类。似乎一开始只有一个燕雀或乌龟物种，后来通过繁殖，出现了不同形态的后代，这个物种就发生了变化。"

　　现在，查尔斯相信物种变化论的理论是正确的。然而，还剩下一个问题要解决，这也是直到目前为止所有博物学家争论不休的问题：这些变化的机制是什么？

进化理论的证据 加拉帕戈斯群岛的动物界提供了一些令人惊叹的物种逐渐变化的例子，达尔文援引这些例子来阐述他的进化理论。

分离进化

加拉帕戈斯群岛每个岛屿上的物种出现了不同的变异，使燕雀或乌龟拥有了不同的外形。

加拉帕戈斯群岛地图

大地雀

小树雀

地雀

歌雀

进化

加拉帕戈斯群岛的 13 种燕雀是来自美洲大陆的同一个物种的后代。这一物种的后代遍布所有岛屿，每个种群以各自独特的方式在进化。鸟喙形状的变异使得燕雀可以适应不同的食物来源：谷粒、仙人掌花、昆虫……这一进化形成了极其迥异的物种。

物种

不同种类的燕雀之间不能繁殖后代。这表明它们确实是不同的物种，而不是同一物种的变种。

受保护的岛屿

今天，在加拉帕戈斯群岛建立了一个自然保护公园，几乎覆盖了整个群岛。

> "在这些岛上，我们面对的是谜中之谜。在这块全新的土地上，这些生物是首次被发现。"

达尔文主义

达尔文的理论基于两个互补的概念：变异和自然选择。

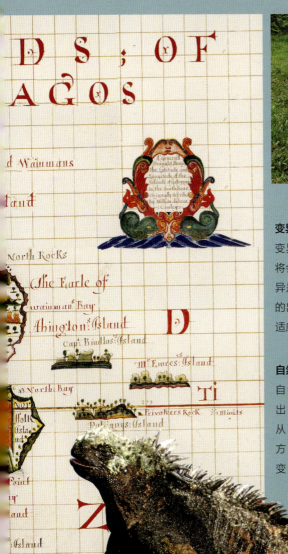

加拉帕戈斯群岛的乌龟

变异

变异的特点（颜色、形状、大小……）将会随机出现在物种的每一代身上。变异是可遗传的，但并不依赖于环境。它的出现是偶然的，而且目的不是更好地适应环境。

自然选择

自然选择会筛选出有利的变异，从而决定变异的方向。存在有利变异的个体比其他个体拥有更多的后代，并且将这些新的特征传递给后代。因此，自然选择是物种逐渐变化的根源。

海鬣蜥

一位真正的地质学家

大洋上出现了一根一挥而就的线条。那根绿色的线条纵贯南北，一望无际，在每个浪花后面隐隐若现。尽管贝格尔号紧靠海岸线航行，但是这个岛屿由于海拔较低，仍然不容易看到。由于岛屿极长极窄，查尔斯都已经能看到岛另一边的海了！他克服了晕船，顺着大桅杆的**绳梯横索**爬上去。他试图弄明白为什么岛另一边的大海如此宁静，而这边却是一如往常的大浪滔天。约翰·斯托克斯陪着他站在**帆缆索具**中间，解释道：

"我们在这儿看到的只不过是基林群岛很小的一部分。这些岛屿围成了圈，中间一片浅浅的水域就成了**潟湖**，完全不受海浪的侵袭。"

绳梯横索：可供人爬上桅杆的绳梯。

帆缆索具：一艘船的风帆和缆绳的总称。

潟湖：环礁内部的水域。

"我瞭望过啦，可是我看不到什么环形岛屿！"

"那当然！另一边的群岛离得太远了。整个群岛的直径有十八公里呢。再说这些岛屿几乎都不露出水面。船无法在那儿停靠，我想那里最高海拔也就只有五米吧！"

环礁： 呈环形分布的珊瑚礁，中间是一个浅潟湖。这个环有时不是封闭的，而是由多个岛屿组成，形似一串珍珠项链。

　　群岛形成了一个**环礁**，和查尔斯在波利尼西亚看到的很像，但要大得多。他惊讶于中间潟湖的面积之大。

　　"这也太大了！这不可能是一个火山口！"

　　"你干吗说火山？这些岛上只有珊瑚，一点火山熔岩的痕迹都没有！"

　　查尔斯解释道：

　　"这是莱伊尔的理论，我跟你说过这位地质学家。他认为环礁是由海底火山口周围的珊瑚礁形成的。这可以说明为什么它们的形状是环形的。"

　　"可是有些环礁的直径达到六十公里。不可能有这么大的火山口啊！"

　　"问题就在这里！再说，为什么所有这些火山海拔正好这么高，就在海平面上面一点点？这个理论站不住脚，但是火山可能在这段历史中确实扮演了某种角色。塔希提就是一个火山岛，周围围着一圈珊瑚礁。"

　　"你想说，假如把塔希提中央的大岛屿抽掉，就会剩下一个环礁？"

　　"很有可能……不过我必须再验证一番。"

　　贝格尔号在塔希提停靠期间，查尔斯仔细研究了那些珊瑚。他欣赏珊瑚极其多样的形状和颜色，不过他特别注意到它们令人难以置信的建筑才能。假如一个环礁仅仅是由火山熔岩形成的，那么它不可能长久地抵御住太平洋海浪的冲击。然而珊瑚是活的：它由无数的微小生物组成，这些生物不停地制造石灰质的小室，就像人类在房子上加盖新的楼层一样。珊瑚礁不断增大，并修复海浪造成的损伤。在查尔斯看来，在这些珊瑚建造的海中高山面前，哪怕是埃及金字塔也会相形见绌！

自此以后，他的工作就和贝格尔号的测绘工作很像了。测绘人员测量基林群岛周围海水的深度。查尔斯在**测深器**的铅锤上固定了一块动物油脂。

测深器：用于测量水深的仪器。

每次测量，他检查铅锤接触海底时在油脂上留下的痕迹。他发现至少到水深 30 米的地方还有珊瑚，而 60 米以下就没有了。再往下，他只发现了沙子。所以说，珊瑚只生活在很浅的水域。而更大范围的探测

表明，岛屿的坡度很陡。在距离岛屿一**海里**的地方，菲茨罗伊用长两千两百米的测深器都没法触到海底！查尔斯试图

海里： 航海领域使用的长度单位。一海里等于1852米。

将整体联系起来思考……基林群岛就像一个帽状的珊瑚礁，盖在一座巨大的海底山——也许是火山——的山顶。假如一座被珊瑚礁环绕的火山慢慢地塌陷，而与此同时，珊瑚又在继续生长……对了，他明白了！他快速地画了一幅草图。当火山顶消失在水面下时，就只剩下环礁和中央潟湖了。查尔斯想到了返航后计划要写的书：一本是关于影响南美洲的地质运动，一本是关于火山岛，第

三本是关于珊瑚岛的成因。这第三本可能是最容易写的，因为现在他觉得自己的新理论是不言自明的！

当贝格尔号于 1836 年 6 月到达好望角时，查尔斯得知，在剑桥哲学家协会的工作会议上，他写给亨斯洛的书信被朗读了一部分。他写的文章被汇集成了一本小册子。由于旅行途中完成了所有这些工作，所以查尔斯现在自认为是一位真正的地质学家了。他很高兴别人也是这么看待他的。菲茨罗伊甚至用他的名字命名了一座山，以感谢他救回了一艘被海浪卷走的捕鲸小艇。达尔文山，这对一位未来的地质学家来说是个好兆头啊！在热带地区温柔的夜里，查尔斯坐在**舰楼**上，思考着未来。令他着迷的课题之一是地质年代的长度。他花了那么多时间研究成堆成堆的沙子和砾石，这些显然是由河水挟带而来的，在几百万年时间里，一颗石子，一颗石子，冲刷至此。他也想象着那些年代里生活在这块土地上的动物，一代接一代，以至无穷，逐渐地发生变化……然而，这些课题是很危险的，宗教人士，特别是大学权威并不认可。查尔斯现在很清楚，自己永远无法成为"**受人敬仰的达尔文**"，

舰楼：船尾甲板上高起的部分。

受人敬仰的：这是授予新教教会教士的荣誉称号。

但是，如果他想从事科学，则不能和现有的这些博物学家激烈对抗。

1836 年 10 月 2 日夜里，天下着雨，贝格尔号驶进了康沃尔郡的法尔茅斯港。查尔斯下了船，怀着一点伤感，但更多的是如释重负：他再也不用受晕船之苦了！坐了两天驿车，最后到达了什鲁斯伯里。他回到了自己的老家，和亲人团聚了。几个星期以来，亲人们每天早上都在盼着他回来。他的姐妹凯蒂和苏珊搂着他的脖子，连珠炮似的发问，一刻也不让他喘息：

"你当时害怕蛇吗？"

"你在悉尼的时候没给我们写信！你是不是遇见了一位迷人的澳洲姑娘？"

"你在环球航行的时候看到的最奇特的东西是什么？"

查尔斯十分放松：他的父亲非但没和他提当牧师的事，还鼓励他继续从事研究工作。父亲有足够的钱资助他的研究，并且知道儿子将来一定会光耀门楣！一星期之后，查尔斯去剑桥见亨斯洛，在旅行期间他给亨斯洛写了不少信。他的老朋友又是欢喜，又是急不可耐地接待了他：

"您应该来剑桥定居。在这儿您可以安心工作，而且咱们这儿离伦敦也不太远。好多博物学家都想见您。伟大的莱伊尔本人就非常欣赏您的书信。著名的动物学家欧文很想看看您保存在酒精里的动物标本。看看……或者，解剖！我可是迫不及待想要见见您那些加拉帕戈斯群岛的植物标本哦！"

11月，查尔斯在剑桥租下了一所小房子。他把所有标本箱都搬来了，然后开始对几千个标本进行筛选。他和莱伊尔、欧文以及其他博物学家见了面。一个出版商建议出版他和菲茨罗伊的航海日志。不久之后，他就成了地质学协会的会员。他埋头工作，几乎没有时间出门，也没有时间去梅尔。不过，他还是欣喜地见到了乔赛亚舅舅，他没怎么变，还有爱玛，依然是那么可爱迷人。

回国一年以后，查尔斯写完了他的旅行故事。他准备出版一部科学性更强的著作，里面有专家对他带回来的化石、鸟类或鱼类标本的分析。

磊落坦然：形容某人在竞争中表现得光明正大、举止优雅。

他和莱伊尔很合得来，莱伊尔也**磊落坦然**地接受了他关于环礁形成的新理论。

1838 年，他被任命为地质学协会的秘书。二十九岁时，查尔斯·达尔文已经成了一位成功的地质学家和研究南美洲的专家。然而，又有一个计划在他的脑中浮现了……

环礁的形成 博物学家们慢慢接受了地球有几百万年历史的说法，由此可以解释那些地质现象。

查尔斯·莱伊尔（1797—1875 年）

莱伊尔是最早设想我们星球具有悠久历史的地质学家之一。他反对灾难决定地球历史的说法，而主张地质现象是缓慢而渐进的，就像今天的自然界一直在发生的改变一样。

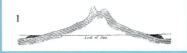

珊瑚标本

环礁的形成

海底的火山喷发形成一个火山岛（1）。珊瑚沉积在火山岛表面，在岛屿周围形成一片礁石，岛屿渐渐沉入海里。珊瑚向高处生长，弥补这一下沉运动（2）。当火山消失在海平面以下后，就只剩下一个环礁，一圈珊瑚礁围绕着一个浅潟湖（3）。

波利尼西亚的莫雷阿岛

悠久的历史

17 世纪时，主教詹姆斯·阿什尔根据《圣经》推测地球是距今 6000 年前形成的。在地质学家看来，这点时间不足以解释几千米厚的沉积物是如何形成的。这个问题对于进化理论来说很重要，因为物种发生变化是需要时间的。今天，我们知道地球的年纪约为 45 亿年，而生命是在 35 亿年前产生的。

"假如一座被珊瑚礁环绕的火山慢慢地塌陷，而与此同时，珊瑚又在继续生长……"

波利尼西亚的泰蒂亚罗阿环礁

物种诞生了……

一个想法慢慢地在查尔斯的头脑中形成了。他有时候会思考一会儿，但工作几乎占据了他所有的时间。他斟酌着下笔，记下一些想法，又放弃，随后又重新开始。1837年7月，他写下了自己最初关于物种起源的观察和发现。物种是如何诞生的，又是如何发生变化的？他开始积累能找到的所有关于动物和植物"变异"的信息，也就是同一物种不同个体间能观察到的差异。

1838年10月，他偶然读到了**托马斯·马尔萨斯**四十年前出版的一本书——《人口论》。书中说，任何人类群体的人口增长速度比能生产的食物数量的增长速度要快。因而，每个人得到的食物会越来越少。随之而来的是饥荒、流行病和战争，这些都会起到减少人口的作用。马尔萨斯将这一现象和资源有限的大自然中发生的情况做了类比：植物不可能无限地扩展，因为它们的生长需要水和

托马斯·马尔萨斯：英国经济学家（1766—1834年）。

空间。同样的道理，动物的数量也不可能无限地增加，因为它们会缺少食物来源。

　　查尔斯拿起一支笔：以一对大象夫妇为例，这是繁殖最缓慢的动物之一。大象到 30 岁才成年，90 岁死去，这期间会生育 6 只小象。他飞快地计算……500 年以后，在同一块土地上，将会有 1500 万头活着的大象，它们都是最初那对大象夫妇的后代。真是难以置信！因此，种群数量是必然有所减少的。有一些象在生育前就死去了，但不是随便什么象都会如此：那些跑得不够快、没能逃脱狮子捕杀的幼象，或者到旱季末尾草叶不够吃时，那

些无法忍饥挨饿的象……所有这一切表明，似乎是大自然在这些象中选择哪些将存活，而哪些将死去，筛选的标准似乎是适应环境的能力。

这一自然选择的观点甚至可以解释当生存条件发生变化的时候，物种自身是如何变化的……查尔斯感觉到自己触及到了某种重要的东西……但是，为整理贝格尔号带回来的标本，他还有很多工作要做！他还有一桩新的该操心的事：是时候该结婚了吧？他拿出一个旧信封，在桌上展开，划了两列："结婚"和"不结婚"。他飞快地记下脑中想到的两种抉择的好处和弊端。如果结婚，他就得另找一份工作来养家，为了照料小孩而花费时间，

还要忍受可能会有的夫妻争吵……如果不结婚，他就能四处旅行，为自己宏大的研究计划努力工作……可是，他不想像一只工蜂似的过一生，工作，工作，除了工作没有别的……老的时候没有儿女在身边照顾他……没有温柔贤惠的妻子可以聊天、一起听音乐……

1838 年 11 月 9 日，他去了乔赛亚舅舅家，向爱玛求婚了。整个家族的人都很高兴：他们等这一天已经很久了！查尔斯必须很快回伦敦去，不过他还是花时间和他的未婚妻谈了谈：

"我亲爱的爱玛，您能答应嫁给我，我感到非常幸福。不过我必须提醒您，和我一起生活可能不会很有趣。我有很多工作要做，我对去城里吃晚餐没什么兴趣，而且我的朋友说不定和我一样让您觉得无聊，因为他们张口闭口都是植物或者化石。"

"查尔斯，我亲爱的朋友，我了解您，并且一直爱您。和您一起度过一生，对我来说是唯一重要的事。我知道您已经成为一名重要的科学家，我郑重地向您保证永远不会干涉您的工作。"

1839 年 1 月 29 日，爱玛和查尔斯在梅尔的小教堂里结了婚。这对新婚夫妇在伦敦定居，他们的第一个孩子——威廉·伊拉斯谟于这一年年底出生。查尔斯仔细地观察儿子，把自己的所有发现都记录下来，就像观察昆虫和鸟类一样精确。说不定哪天他可以出版一本关于这方面的书，甚至——为什么不呢——将人类的行为和动物的行为做一番比较。他的《旅行日记》最终出版了，获得了很大的成功。他写的关于珊瑚礁的书于 1842 年出版。不过，查尔斯已经不像以前那样在工作中投入那么多精力了。腹痛和头晕令他全身乏力。他的病可能源于旅行时被某种蚊虫叮咬，或是饮用了不洁的水。不管是看医生也好，接受各种**温泉理疗**也好，

温泉理疗：在温泉疗养院利用泡温泉治疗疾病。

都无法减轻病痛。他决定逃离城市的喧嚣烦扰，去乡村定居。他和爱玛在多恩找到了一所房子，多恩是距离伦敦市中心二十五公里远的一个小镇。

查尔斯继续研究物种的起源。他给家畜饲养员写信，询问他们是如何挑选牛或狗的家养新品种的。他自己则饲养鸽子，比较扇形尾巴和大咽喉品种的解剖结果。1844 年，一位匿名作者出版了一本关于物种进化的书。书中并没有特别新颖的观点，然而查尔斯目睹了报纸和

英国社会的惊恐反应。他自己已经就这个主题写了两百多页，但他觉得他还缺乏证据来论证一个如此敏感的课题。他给他的朋友、著名的植物学家约瑟夫·胡克的信中写道："我几乎确信（与我开始时的观点相反）物种并不是……（我感觉像是在承认一桩谋杀罪行）……不变的。"

他也不想让他的妻子痛苦。要是他让爱玛感觉到他在攻击宗教，她会很受伤的。她意识到他在研究这个课题，有一天给他写了一封信，表达了她的担忧："我希望这种没有证据就什么也不相信的科学习惯，在这个什么都无法被证明的领域，不会给您造成太大的影响。"显然，她是在影射宗教。他没有再跟她提起过这封信，但他其实很感动。他还有一个犹豫的理由，那就是他必须找到动物学方面的证据，而直到这时，他对这个领域的涉足很少。1846 年秋季，他开始了一个新课题的研究——**茗荷儿**的分类。这种小动物和贝壳类动物很像，但实际上是**甲壳动物**。他证实了这一点，并表明，在某些物种里，雄性是寄居在雌性身上的微小的寄生虫！在接下来的八年研究工作中，他写了六部著作，最终完成研究时，他坦言道："我憎恨茗荷儿，比任何一个人都要恨它们。"

然而，这项看似毫无收获的工作使他加深了对动物物种的认识，并且增加了他在科学界的分量，能更好地为自己的观点辩护了。实际上，他关于物种起源的手稿现在已经写到了两千页。这件事并不是完全保密的，他跟关系最好的几位博物学家说起过，比如约瑟夫·胡克和查尔斯·莱伊尔。莱伊尔催促他将手稿发表，因为他预感到这个观点将引发一场大讨论。而查尔斯**隐居**在多恩的家中，也许对此并没有充分地意识到。

茗荷儿： 被认为是最原始的物种之一。

甲壳动物： 一种长着分节的足，有甲壳保护的动物，往往生活在水中（如蟹、虾……）。

隐居： 幽居，与世隔绝。

又四年过去了。1858 年 6 月，他收到了从马来西亚寄来的一封信，写信人叫阿尔弗雷德·罗素·华莱士，是一位正在东南亚各岛屿间旅行考察的年轻博物学家。华莱士给他寄来了一篇打算发表的文章，想听听他的意见。读完这篇文章，查尔斯不禁冷汗直冒。华莱士描述了动物为了适应新环境而发生变化的方式。他坚持在这些变化中，为生存而斗争的重要性。他使用的词语和查尔斯十分类似，仿佛是直接从查尔斯的手稿中摘抄出来的一样。而查尔斯是一个十分诚实的人，他并不想阻挠这篇文章的发表，但一想到有可能会失去二十年来潜心研究而写成的著作的**作者资格**，他就吓呆了。查尔斯十分沮丧，他向莱伊尔和胡克征求意见，两人建议他写一篇短文，阐述自己的观点。莱伊尔将这两篇文章都提交给了林奈动物学协会，所有证明达尔文长期以来一直研究该课题的证据也一并呈上。出于对对方的尊重，达尔文向华莱士解释了一切。华莱士回信了，并真诚地感谢他以这样的方式解决了问题。事实上，这两篇文章依然没有引起专家们的注意。

作者资格：创作了一部作品，并拥有该作品的著作权。

踌躇：犹豫不决，拿不定主意。

没有时间再**踌躇**了。达尔文应当出

版他的书。在朋友的催促下，他决定写一篇摘要。1859年2月，他的新文章已经写到了五百页！查尔斯修改，重写，再修改。最后，1859年11月24日，《物种起源》（全称《借助自然选择或自然界中生存竞争的物种起源》）第一版开始在书店销售。第一批印刷的一千两百五十册在一天内就抢购一空。

查尔斯·达尔文长年累月的研究工作结束了。而围绕着进化论的公众论战才刚刚开始！

进化的证据 达尔文描述了众多的例子来支持自己的理论。实际上，进化在今天动物的外形、颜色和行为上都留下了痕迹。

人类　　　　　大猩猩　　　　猩猩　　　　　狗　　　　　海豹

相同的手

爪子、翅膀或鳍，这些脊椎动物的"手"有着相同的结构，是因为所有的脊椎动物拥有共同的祖先。

"他给家畜饲养员写信，询问他们是如何挑选牛或狗的家养新品种的。"

竞争

达尔文认为，"生存竞争"不一定是激烈的斗争。这个词同样适用于植物向阳生长的竞争以及动物在求偶时的炫耀行为。

春天雄鹿之间的争斗

性选择

在发情期雄鹿之间争斗时，鹿角是很有用的。借助这一美丽的工具，它们会拥有自己的后代，而后代们也会长出美丽的鹿角。

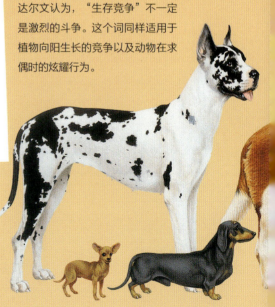

海豚

胚胎

脊椎动物的胚胎在最初成形的几天里十分相像。之后,随着胚胎的发育,它们之间的差异逐渐明显。这些相似性是我们共同遗传的痕迹。

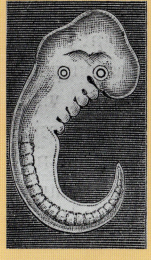

人类的胚胎

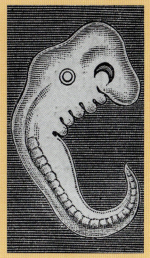

鸡的胚胎

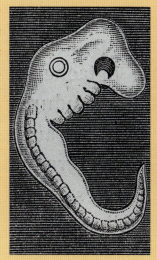

乌龟的胚胎

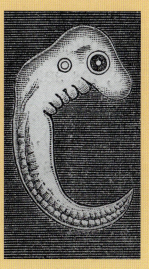

鱼的胚胎

人工选择

达尔文研究了很多家养动物的物种,从鸽子到狗,再到奶牛。他认为,饲养员的工作和自然选择的性质很像。实际上,他们在每一代物种中选择想要令其繁殖的个体,以便改变他们饲养的动物的大小、颜色或性情。"狗"这一物种令人惊诧的变异显示出这一选择机制的强大。

全国性的丑闻

查尔斯被吓坏了！此时自他第一次打开他的物种起源日志，已经过去了二十多年。他一直犹豫着是否将自己的观点公开，因为害怕会遭到误解。为此，他收集了大量证据，并且注意严格局限在科学层面。结果，所有这些小心的举动都是无用功。他成功地掀起了一场真正的风暴！这不是一场讲究论证、彬彬有礼的绅士之间的辩论，而是铺天盖地的谩骂和中伤！反对者中的大多数没有一丁点儿动物学或植物学知识，某些人甚至没读过他的书，或者对书中的表述囫囵吞枣、不求甚解。但是，每个人都想表达自己的观点，不管是在报纸、杂志上，还是在**休息日讲道**时，或者**俱乐部**里、家庭餐桌上。

他触及了一个非常敏感的问题——长久以来人类为自己设定的形象！尽管查尔斯一个字也没有说，但很明显，他将人类归在动物界里。由此，他暗示我

休息日：星期天。

讲道：在宗教仪式中神父或牧师发表的讲话。

俱乐部：一群人定期聚会，一起阅读、讨论、玩耍或喝酒的场所。在英国有数量众多的俱乐部，只限男性参加。

们的祖先是猴子，虽然得承认这种动物和我们有点像，但其生活习性令维多利亚时代的人感觉遭到了冒犯！这不光令人气愤，而且和**英国国教**宣扬的教义完全相反。后者笃信《圣经》的说法：所有人类都是上帝创造的一对夫妇——亚当和夏娃——的后代。查尔斯·达尔文被指责是一个无神论者，反对他的人将科学和宗教混为一谈，**纠缠不清**。

英国国教：英国圣公会的宗教。

纠缠不清：太复杂以至于无法找到解决的方案。

大杂烩：杂乱的东西的混合体。

某些科学家猛烈地抨击这本书。著名的天文学家约翰·赫歇尔不无鄙视地排斥该书，将之斥为"难以消化的**大杂烩**"。查尔斯以前的导师、地质学家塞吉威克教授，就是他唤起了查尔斯对地质学的兴趣，他写信给查尔斯："我很欣赏这本书的其中几个部分，其他一些章节则让我笑得肚子都疼了；还有一些章节我是带着深深的悲伤在读的，因为我认为那些说法是绝对错误的，也是极为有害的。""有害的"！尽管塞吉威克落款时开玩笑似的写了"猴子之子和老朋友"，但查尔斯还是被"有害的"这个字眼深深地伤害了，他也接受不了塞吉威克看书时居然笑了的事实。古生物学家理查德·欧文曾经描述过查尔斯从阿根廷带回的化石，他虽然口头上赞成进化论，但拒绝接受自然选择的观点。他匿名撰写了一些文章，以便更自由地攻击整个理论。然而，查尔斯也不是孤立无援的。约瑟夫·胡克和查尔斯·莱伊尔在报纸上发表了一些评论来极力支持他。托马斯·赫胥黎，一位和查尔斯结下深厚友谊的年轻博物学家，为《物种起源》感到欣喜若狂。

查尔斯在伦敦期间，去雅典娜俱乐部喝茶，这是一个十分小众的俱乐部，会员仅限于艺术、文学和科学界的著名人物。在那里，坐在舒适的扶手椅里，查尔斯和他的朋友们展开了激烈讨论。查尔斯无法招架那些针对他的攻击。他挥了挥手里的一封信：

"这是一位牧师写给我的，他没能找到足够低级的词语来表达他对'**达尔文主义者**'的蔑视。这个称呼我以前还从来没听说过。我知道他们针对的是我，但是我相信您也不能幸免，亲爱的托马斯！"

达尔文主义者：达尔文理论的支持者。

托马斯·赫胥黎的眼睛闪着兴奋的光芒：

"我为此感到骄傲！像往常一样，我猜想他又把您的书当成了纯粹的宗教来批评，而对您的科学论证却丝

毫不感兴趣……"

查尔斯叹了口气：

"可是，我从未抨击过宗教。人们谴责我是想'将上帝拉下宝座'，但我不过是论证了动物和植物被创造出来的时候和我们今天看到的不一样。"

"很明显，对于那些把《圣经》看成是世界历史的真实记录的人来说，您的观点是无法被接受的，因为他们坚信所有动物都是在同一时间被创造出来的。"

"但化石证明不是这样的。"查尔斯回答道，他有些恼怒。

莱伊尔也发表了意见。他同样支持查尔斯。然而，尽管他相信物种是发生变化的，但他不接受该理论的某些方面：

"您断言在人们观察到的同一物种的多样性中，物种发生变异时只有偶然因素起作用，这一点我还是没法同意。这些变异难道不是神的意志的结果吗？"

查尔斯反驳道：

"您真的相信有一位造物主专门负责塑造我的鼻子的形状吗？"

莱伊尔笑了：

"也许没有吧。"

"我们完全可以想象，上帝设计了宇宙的普遍规律，但不干涉细节。无论如何，我们进入的这个领域是超出我们的认知范围的。就好比要求一条狗去琢磨**牛顿**的思想！如果从我们观察到的东西出发，那么，变异的发生是偶然的，自然选择仅仅是在某一时刻选择对个体有利的特性。

牛顿：（1642—1727年）英国物理学家、数学家和天文学家。

物种变异和自然选择的作用就像风朝哪个方向吹一样，是无法预见的。"

赫胥黎完全同意查尔斯的看法：

"对于那些批评您的狭隘之人来说，没有确定的方向恰恰是无法接受的。他们想要相信，生命的历史是神之旨意的结果，而人类就是造物主的成就。假如他们不再是世间万物的主宰，至少也要成为进化的杰作！"

查尔斯不要求人们口头上表示相信他的理论。他很清楚，他也是花了二十年才说服自己的。相反，他很乐意回应那些基于科学论证的真正的批评。这可以让他修正并深化自己的观点。他修改了一点自己的理论，但在实质问题上并没有丝毫让步：即物种变异发生的偶然性和自然选择的决定性作用。众多博物学家，和求学期间的查尔斯本人一样，都受到过"自然神学"的影响，即自然界如此完美，它一定是由神的意志创造的。如果说只有偶然才能创造出像人的眼睛或鸟的翅膀那样出色的器官，要支持这样的说法似乎是不可能的。

查尔斯耐心细致地回应了反对者提出的每一个论据。他证明眼睛完全可以经过一代又一代，逐步地演变完善。而当别人再次向他提出宗教的和非科学的论据时，他回答道：

姬蜂： 一种寄生蜂，会将昆虫麻醉后，把卵产在它们体内。

"我无法想象一位仁慈的、全能的上帝会有意创造出**姬蜂**这种昆虫，让它们把卵产在毛虫体内，然后让其幼虫慢慢地从内部蚕食宿主。"

1860 年 6 月，英国科学进步协会在牛津召开年会。会议是公开的，并且专门讨论达尔文的理论。查尔斯心中难受，并不想参加这次会议。不管怎样，比起唇枪舌剑的辩论，他更喜欢严肃的讨论。几位著名的科学家将参加会议，比如欧文和赫胥黎，还有一些**教士**。牛津**主教**塞缪尔·韦伯佛斯将阐述英国国教的官方立场。他是个有名的演说家，但对自然科学一无所知。到了开会的这一天，有七百多人汇聚在牛津动物博物馆的大厅里。在达尔文的几位支持者和反对者发表演说之后，轮到了塞缪尔·韦伯佛斯发言。主教表现得很睿智，他一贯如此，但又有些尖酸刻薄：

教士：教会人员。

主教：基督教教会中等级较高的神职人员。英国国教的主教可以结婚。

"我们怎么能相信萝卜的优异变种有一天能成为人类呢？"

因为查尔斯的朋友们纷纷大声抗议，主教便转向了托马斯·赫胥黎，以讽刺的口吻问道：

"那么您，赫胥黎先生，到底是您祖父那一支还是您祖母那一支是从猴子变过来的呢？"

　　场内的骚动达到了顶点，一位女士晕了过去，需要转移出会场。赫胥黎看到主教只能用如此贫乏的说辞来攻击达尔文主义，觉得很好笑，便回答道：

　　"我宁愿我的祖先是一只猴子，也不愿意是一个利用其**演说家**才能把辩论弄得混淆不清而不努力寻求真理的人。"

演说家: 发表演说的人。

　　不久之后，在英国流传着赫胥黎回答的另一个版本："我宁愿一只猴子做我的祖父，也好过一个主教。"尽管传言失真，却逗乐了公众，查尔斯听着别人对这一幕

的转述，也笑出声来。这场"牛津论战"为赫胥黎赢得了一个外号："达尔文的斗牛犬"！几天以后，查尔斯在给他的信中写道："牛津的那场风波似乎对这个主题是有利的。让这个世界知道有几个杰出的人物不害怕表达自己的观点，我觉得这很重要……"

教会的立场 反对达尔文的论据，往往宗教性质比科学性质更多一些。今天，研究人员不会就这个问题再展开论战了。天主教会已经接受了进化论，但在极端宗教领域，达尔文主义仍然是颇受争议的。

《物种起源》的出版

反对者

宗教的原教旨主义者，不论是犹太教、基督教或伊斯兰教，他们都无法接受人类不是亚当和夏娃的后代的说法。因此，他们坚决拒绝接受进化论。在美国，某些新教教会定期向学校提起诉讼，敦促他们同时教授进化论和《圣经》。

牛津主教塞缪尔·韦伯佛斯

两个领域

今天，某些教会承认最好将科学和宗教分隔开来。宗教文本就被当作象征，而不是历史故事了。于是，现在天主教会承认进化是一种事实，需要加以研究而不是盲目攻击。

达尔文的讽刺漫画像

1925 年，田纳西一场诉讼期间的反进化主义宣传（美国）

> "他成功地掀起了一场真正的风暴！这不是一场讲究论证、彬彬有礼的绅士之间的辩论，而是铺天盖地的谩骂和中伤……"

颇受争议的理论

达尔文主张进化并不一定是进步，只不过是动物对环境更好的适应。因此，他反对说进化是自然地朝着更加完美的外形而变化。这种没有目的的进化令宗教人士，以及喜欢将社会进步和自然界进步作比较的人感到震惊。

姬蜂

达尔文认为，这种在活着的毛虫体内产卵的小型寄生蜂就是冷漠而残酷的自然界的象征，这是自然选择的结果，而不是神的旨意。

姬蜂

人类和蚯蚓

查尔斯放弃了最初的想法，即出版一部大部头著作，将自己理论的所有内容都包含在内。他决定分册出书，每册书里讨论不同的问题。他开始研究植物学，在自家房子旁边建了一个温室，用来做实验，研究花卉的授粉、攀缘植物的运动、肉食植物的进食，或者昆虫和兰科植物的关系。

他希望公众也能理解这些理论，所以用一种浅显易懂的语言写作。他的每一本书都卖得很好，但他最喜欢的还是《物种起源》，该书已经被翻译成了法语和德语，不过删去了影射人类起源的内容。在法国，大学教授们毫不留情地抨击这本书。他们认为达尔文十分业余，把他的书看成是"童话故事"。在反驳的科学论据中，一如既往地混杂了宗教观点，还有很大一部分的**沙文主义**！法国人忠于拉马克的观点，拒绝相信达尔文进化论中的偶然说法。

沙文主义：过分的爱国主义。

而在英国，没有一部科学著作取得过如此巨大的成功。对于每一版，查尔斯都认真地重读过稿子。他十分重视收到的批评，据此更加深入探讨了自己的某些观点，也修正了其他一些观点。最近的某些发现证明了他的理论，引起了轰动，比如始祖鸟，一种长着蜥蜴尾巴的鸟类，嘴里有牙齿，翅膀上有爪子。刚刚在德国被发现的这种化石是爬行类向鸟类过度的绝佳的例子。博物学家们渐渐地站到了达尔文一边。甚至有一些教士也承认，拒绝相信物种进化的诸多证据是徒劳的，他们宁愿将科学和宗教这两个领域清楚地区分开来。

尽管查尔斯的理论引发了一场真正的革命，但他并不想得罪任何人。他很高兴自己仅仅依靠科学论证的力量说服别人。他的书也开始为他带来财富，为此他很自豪！现在他过上了英国富裕中产阶级的生活。他的父亲去世时给他留下了一笔巨额财富，他可以依靠年金生活。他在多恩的房子很宽敞，还有一个很大的花园。爱玛生过十个孩子，其中三个在很小的时候就夭折了。这座房子里还住着一个**膳食总管**、一个厨娘、一个侍女、一个孩子们的家庭教师、一个马车夫和一个园丁！两头奶牛供应日

膳食总管： 在一所大房子中负责提供餐饮服务的主管。

常饮用所需的牛奶。

查尔斯的生活是很规律的。他起得很早，散一会儿步，独自用早餐，随后，在书房里工作一到两个小时。他坐在沙发上休息时，爱玛给他念家里寄来的信。接着，他就处理私人信件。查尔斯每天至多要收到十封信件，自己也要写那么多。他很少出门，自从随贝格尔号返回后，他再也没有离开过英国。实际上，他经常生病，每天只能工作两三个小时。然而，他对科学工作的现状却十分了解，这主要得益于他与住在世界各地的几百位博物学家、饲养员和**园艺家**的定期通信，从他们那里获取信息。中午，无论刮风下雨，他都会做一次长距离的散步，一直走到庄园领地的尽头。随后，他吃午餐，接着看一会儿报纸，又重新投入工作。晚饭过后，他和爱玛玩一局**西洋双六棋**。几乎每个傍晚，爱玛都会弹钢琴，并为查尔斯读几页小说。

园艺家：观赏植物的种植者。

西洋双六棋：一种用棋子和骰子，在分成两格的特殊棋盘上玩的棋类游戏。

在做植物实验的同时，查尔斯继续探索他的老课题：解释人类的起源。1863 年，莱伊尔出版了《古代人类》，这是最早讲述史前人类的著作之一。查尔斯看了之后很失望，因为他的老朋友一个字都没有提到进化论。和与查尔斯同时发现自然选择的华莱士一样，莱伊尔也无法下决心将进化论应用到人类身上。

赫胥黎也出版了一本书，名为《人类在自然界的位置》，查尔斯非常欣赏这本书：

"您的书很引人入胜！您详细探讨了一些我知之甚少的课题，比方说大脑的解剖。"

"我是想回应欧文的攻击，他宣称大猩猩的大脑和人类大脑有很大不同，而更接近于猴子中最低级的大脑。"

"在这个问题上欧文是错的。大型猴子比如大猩猩或黑猩猩肯定是和我们关系最近的亲属。甚至有可能人类是某一只非洲大猴子的后代，因为这两个物种都生活在非洲。"

"那么自然选择是如何发挥作用的呢，您如何认为？"

"我想这里涉及一种稍微不同的选择形式，至今为止我都还未深入论证过，那就是**性选择**。"

"那些**拘泥教条的虔诚者**听到这个

性选择：指为繁殖而选择配偶的行为。

拘泥教条的虔诚者：过分笃信宗教，对宗教的教条只信不疑的人。

词肯定又会叫嚣的！"

　　"但这是最能概括我的发现的一个词，"查尔斯叹了口气，回答道，"比方说，很多鸟类中雄性的羽毛颜色很鲜艳，很容易被捕食它们的动物发现。所以，这些颜色本应该在进化过程中慢慢消失。然而，雌性却是为鲜艳的颜色所吸引，会选择最显眼的雄性作为伴侣！也许是类似的现象导致我们人类身上的毛发褪去……至少女人是这样！"查尔斯一边炫耀地捋着自己长长的胡须，一边补充道。

"对于我们的外形方面，我很能理解，但是对于我们的精神方面呢？"

"我相信自然选择对于动物或人类的行为同样起作用。很有可能我们如此引以为豪的人类的伦理道德，最初是起源于动物世界的！那些群居的物种，比如猴子之间，自然选择可能会优先选择**利他**的行为，因为这会使得群体更加安全。我们从猴子祖先那里继承了外貌，同时还有对他人感到赞同或同情的能力。"

1871 年，查尔斯出版了《人类的由来与性选择》。批评再一次纷至沓来，但公众的反应不如《物种起源》出版时那么激烈了。达尔文的讽刺漫画像在报纸上随处可见，他的身体被画成了猴子！在这些画里，查尔斯留着**族长**式的胡子，看上去倒颇为和蔼可亲！现在，查尔斯在全世界都很有名，科学界也更能接受他的观点了。众多博物学家追寻着他的足迹，尽管有些人在中途止步。

利他：为他人考虑。
族长：一个大家族中受人尊敬的老者。

在人类之后，他又对另一种在他看来很重要的动物产生了兴趣，也许比珊瑚更重要——在他的科学事业之初他曾花了很多时间研究珊瑚——他决定研究蚯蚓。

儿子弗朗西斯已经成了他的助手，他们一道做了好几年实验，研究蚯蚓如何通过挖坑道来疏通和翻搅泥土，就像天然的**耕作**一样。他在蚯蚓周围撒上一些裁成三角形的小纸片，目的是弄明白它们是如何掩埋落叶碎片，从而促进植物残骸的循环的。他将盛满蚯蚓的罐子放在钢琴上，来观察蚯蚓是否对声音和振动很敏感。1881年，他出版了《腐殖土的产生和蚯蚓的作用》一书，他在书中断言蚯蚓很有可能是地球历史上最重要的动物。

一天夜里，他突发心脏病。家人很快叫来了医生，但查尔斯的生命已走到了尽头，油尽灯枯了。1882年4月19日，他在多恩的家中逝世，享年73岁，身边有妻子和两个孩子陪伴着他。他的朋友约翰·卢布克以及其他几位议会议员主张查尔斯应当和英国历史上其他的著名人物一样，入葬**威斯敏斯特教堂**。

耕作： 疏松土壤的工作。

威斯敏斯特教堂： 伦敦的教堂，英国的国王和伟大人物都埋葬于此。

葬礼的这一天，他的朋友都到场了。托马斯·赫胥黎、约瑟夫·胡克、阿尔弗雷德·华莱士、约翰·卢布克四人抬着棺材。欧洲各地的大学教授和众多崇拜者参加了葬礼。查尔斯·达尔文，生前深受教会诽谤中伤，事实上也放弃了任何宗教信仰，死后却埋葬在教堂，紧邻着艾萨克·牛顿的坟墓。

　　在他去世前夕，当他感觉到最后一丝力气离他而去时，他对他的妻子坦言：

　　"我一点儿都不害怕死亡。"

今天的达尔文主义自从达尔文死后，有众多发现证明并丰富了进化论，使此理论适用于遗传学、古生物学等诸多领域。

我们的祖先

在达尔文的时代，史前人类的化石是很稀少的。后来，很多考古发现陆续将我们的过去呈现出来：尼安德特人、猿人、南方古猿，乃至年代更久远的祖先如乍得人猿。今天，尽管还有很多未知的细节，但我们已经能够从大致的脉络上重建我们的历史了。对于我们是猴子的后代这一点已经没有任何疑问了。

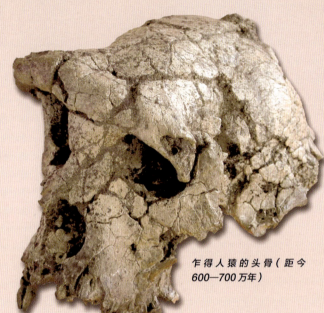

乍得人猿的头骨（距今600—700万年）

爬行鸟类

始祖鸟的骨骼和恐龙的骨骼几乎相同，但是始祖鸟有羽毛，而且能飞翔。这一化石证明了鸟类的祖先是爬行动物，是从爬行动物进化而来的。

始祖鸟的骨骼化石

"最近的某些发现证明了他的理论，引起了轰动，比如始祖鸟，一种长着蜥蜴尾巴的鸟类……"

人类的近亲

人类的染色体（1）和黑猩猩的染色体（2）十分相像。一项更加精细的研究表明这两个物种有98%的基因相同。在动物界，黑猩猩是和我们关系最近的亲属！

基因与脱氧核糖核酸（DNA）

达尔文并不知晓格雷戈尔·孟德尔（1822—1884年）关于遗传的研究工作。直到二十世纪初，这些研究工作被重新发现，让我们明白了动物"变异"的起源。就像达尔文曾设想的那样，起源是偶然发生的基因改变和突变。1953年，生物学家詹姆斯·沃森和弗朗西斯·克里克发现了组成基因的分子结构——脱氧核糖核酸（DNA）。今天，DNA研究是关于进化的研究中最重要的领域之一。

DNA 分子链

达尔文的继承者们

历史资料

达尔文的经历已经为世人所熟知。在《一位博物学家的环球之旅》一书中，他记叙了自己在贝格尔号上度过的那几年。1876年，他为他的孙子孙女写了一部简短的自传，讲述了自己在什鲁斯伯里的童年时光和求学岁月，以及返回英国、从事研究工作、与其他博物学家的会面，还有他对于宗教的观点。在他死后，他的儿子弗朗西斯出版了他写的很多信件。他的记事本对于理解他是如何构思其理论的，同样十分有用。

社会达尔文主义

在达尔文的时代，有些人试图将他的自然选择理论应用到人类社会中。"社会达尔文主义"主张不应当为不成功的人提供帮助，因为这与自然法则是背道而驰的：人人为己，最强者胜！这些观点和统治阶级的利益正好契合。与此相反，查尔斯·达尔文却强调，为最弱者提供支持和帮助是我们人性中最基本的部分。自然选择的概念也为殖民剥削或种族主义提供了辩解。然而，达尔文一直反对奴隶主义，而且他认

细微区别

人们有时候把达尔文主义和"生存竞争"的概念混为一谈。事实上，竞争往往导致资源分配的不公平，而不是最弱者被粗暴淘汰。达尔文同样强调了性选择的重要性，这会对后代的数量而不是生物个体的存活产生影响。

为不同文明之间之所以有差别，其中教育比人性的影响更大。

本书作者的观点

达尔文主义有时候被滥用，目的是为伦理道德上无法接受的某些观点提供生物学基础。正如达尔文希望将科学和宗教分隔开来一样，我们必须承认一种科学理论同样也不是一种道德规则。科学或自然界无法告诉我们什么是好的或坏的，只有靠我们自己设想出能让我们在一起生活的规则。不过，了解我们的历史和我们的物种起源也很有趣，查尔斯·达尔文为我们了解这段历史提供了很多帮助……

今天的进化论

今天，任何一位严肃的生物学家都不相信物种是"一成不变"的。进化是所有生命科学显而易见的框架，但是这一理论并不是固定不变的。所有基因和 DNA 的发现使得达尔文主义得到了丰富。关于自然选择的重要性或进化节奏的新假设，还需要实验来论证，也经常引发激烈的辩论。

危险的简单化

在达尔文的时代，一些经济学家主张认为不应该减少社会的不平等，尤其不应该帮助穷人，因为"生存竞争"有利于提高人类物种的"质量"。这是对达尔文主义的过分简化和歪曲。事实上，达尔文论证过自然选择可以加强个体之间的合作，这在人类进化的过程中可能发生过。

片 © CORBIS/ 盖伦·罗克塞尔

86 左：Ch. 莱伊尔的肖像画，钮森根据 J. 梅耶尔的绘画而作的版画，伦敦皇家协会© B-G 艺术图书馆
右中：环礁的形成，J.B. 德·帕纳菲厄的画作
左下：基林群岛的珊瑚样本，达尔文收集©伦敦自然历史博物馆

86-87 从空中俯瞰法属波利尼西亚的莫雷阿岛，照片© CORBIS/ 道格拉斯·皮布尔斯
右下：从空中俯瞰法属波利尼西亚的泰蒂亚罗阿岛，照片© CORBIS/ 扬·阿蒂斯－伯特兰

98 上：手的比较，19 世纪的版画©科尔.帕尔
下：雄鹿之间的争斗，照片© CORBIS/ 扬·阿蒂斯－伯特兰
右下：狗的各个种类，绘画，亨利·加勒隆的插图

99 胚胎发育比较，19 世纪的石版画© AKG 图片社

110 上：查尔斯·达尔文《物种起源》的书名页，伦敦自然历史博物馆© B-G 艺术图书馆
右：牛津主教塞缪尔·韦伯佛斯的讽刺漫画像©康斯门斯 / 科学图片图书馆
左下：达尔文的讽刺漫画像© B-G 艺术图书馆 / 沙尔梅档案馆

111 上：1925 年的反进化主义宣传台© CORBIS/ 进化社
右下：姬蜂，照片© CORBIS/ 加里·W. 卡特

122 上：乍得人猿的头骨，2002 年在乍得被发现©盖曼 –MPFT/ 自然图片社
下：始祖鸟的化石，1861 年在德国兰格纳尔泰姆附近被发现，照片© CORBIS/ 詹姆斯·L. 阿莫斯

123 右上：黑猩猩和人类的染色体© CNRS
下：DNA 分子链©康斯门斯 / 科学图片图书馆 –A. 帕斯卡

124 J. 胡克、Ch. 莱伊尔、C. 达尔文，匿名画作，伦敦皇家外科学院© B-G 艺术图书馆

125 伦敦的穷人，E.G. 戴尔齐尔的画作，发表于 1874 年 1 月 10 日的《绘图》杂志上© AKG 图片社